Denkschrift

zu dem Entwurf eines Gesetzes über die

Zwangsversteigerung und die Zwangsverwaltung

nebst dem

Entwurf eines Einführungsgesetzes.

Reichstagsvorlage.

Berlin SW 48.
Wilhelmstraße 119/120.
J. Guttentag, Verlagsbuchhandlung.
1897.

Inhalts-Verzeichniß.

Seite

Denkschrift.

Einleitung.

Bedürfniß für das Gesetz.

Verhältniß zum Bürgerlichen Gesetzbuch.

Die Nothwendigkeit, das Recht der Zwangsvollstreckung in das unbewegliche Vermögen einheitlich für das Reich zu gestalten, ergiebt sich daraus, daß durch das Bürgerliche Gesetzbuch ein gemeinsames Liegenschaftsrecht geschaffen wird. Für die Vorschriften über die Geltendmachung der Hypothek und der sonstigen Rechte, welche auf Zahlung aus einem Grundstücke gerichtet sind, war im Gesetzbuche selbst kein Raum. Das Gesetzbuch mußte sich vielmehr auf die Bestimmung beschränken, daß die Befriedigung des Gläubigers aus dem Grundstück im Wege der Zwangsvollstreckung erfolgt (§. 1147 des Bürgerlichen Gesetzbuchs). Hierbei ist aber vorausgesetzt, daß die Zwangsvollstreckung im Wege der Reichsgesetzgebung geregelt wird, weil nur eine solche Regelung die Gewähr dafür bieten kann, daß die Rechtseinheit auf dem Gebiete des Liegenschaftsrechtes gewahrt bleibt. In der That hängt die Zwangsvollstreckung nicht blos in ihren Voraussetzungen, sondern auch in ihren Wirkungen so eng mit den sachlichen Vorschriften des Liegenschaftsrechts zusammen, daß sie füglich als Theil des letzteren betrachtet werden kann. Dies gilt namentlich von der Zwangsversteigerung, deren Zweck regelmäßig nur durch Vernichtung bestehender und durch Begründung neuer Rechte an dem Grundstücke sich erreichen läßt.

Verhältniß zur Civilprozeßordnung.

Zugleich gehört aber die Zwangsvollstreckung in das unbewegliche Vermögen dem Prozeßrecht an und unterliegt demgemäß den allgemeinen Bestimmungen der Civilprozeßordnung über die Zwangsvollstreckung. Die Civilprozeßordnung widmet ihr schon jetzt einen besonderen Titel (Achtes Buch, 2. Abschnitt, 2. Titel). Indessen enthalten die §§. 755 bis 757, welche diesen Titel bilden, im Wesentlichen nur Vorschriften über die Zuständigkeit sowie über die Erledigung von Rechtsstreitigkeiten, die in dem Verfahren entstehen. Im Uebrigen bestimmt sich gemäß §. 757 die Zwangsvollstreckung in das unbewegliche Vermögen nach den Landesgesetzen; insbesondere gilt dies für die Frage, welche Sachen und Rechte in Ansehung der Zwangsvollstreckung zum unbeweglichen Vermögen gehören, inwiefern der Gläubiger berechtigt ist, seine Forderung in das Hypothekenbuch eintragen zu lassen und wie die Eintragung zu bewirken ist.

Im Anschlusse hieran wird nunmehr der fragliche Titel der Civilprozeßordnung die Gegenstände, welche der Zwangsvollstreckung in das unbewegliche Vermögen unterliegen, selbständig zu bestimmen und die zulässigen Vollstreckungsmaßregeln im Allgemeinen zu bezeichnen haben. Dabei wird die Eintragung einer Sicherungshypothek im Wege der Zwangsvollstreckung näher zu ordnen, für die Zwangsversteigerung und die Zwangsverwaltung aber lediglich darauf hinzuweisen sein, daß sie durch ein besonderes Gesetz geregelt werden. Die hiernach für die Civilprozeßordnung vorläufig in Aussicht genommenen Vorschriften (§§. 757 bis 757f) ergeben sich aus der Anlage I.

Inhalt des Gesetzes.

Die Regelung der Zwangsversteigerung und der Zwangsverwaltung ist alsdann Aufgabe des vorliegenden Entwurfs. Daß diese Regelung in einem gleichzeitig mit dem Bürgerlichen Gesetzbuch in Kraft tretenden Gesetze erfolgt, ist bereits im Artikel 1 des Einführungsgesetzes zum Bürgerlichen Gesetzbuche vorgesehen. Indem aber die Civilprozeßordnung (§. 757e der Anlage I) ausdrücklich auf dieses besondere Gesetz Bezug nimmt, wird klargestellt, daß ihre Vorschriften bei Anwendung des letzteren in gleicher Weise Platz greifen sollen, wie wenn das Gesetz ein Bestandtheil der Civilprozeßordnung selbst wäre.

Der Entwurf zerfällt in drei Abschnitte. Der erste Abschnitt ordnet die Zwangsversteigerung und die Zwangsverwaltung als Maßregeln der Zwangsvollstreckung in Grundstücke, und zwar enthält der erste Titel (§§. 1 bis 14) die allgemeinen, für beide Maßregeln gleichmäßig geltenden Vorschriften, der zweite (§§. 15 bis 145) die besonderen Bestimmungen über die Zwangsversteigerung, der dritte (§§. 146 bis 161) diejenigen über die

Zwangsverwaltung. Der zweite Abschnitt (§§. 162 bis 171) regelt die Zwangsversteigerung von Schiffen, soweit sie im Wege der Zwangsvollstreckung erfolgt. Der dritte Abschnitt endlich (§§. 172 bis 184) behandelt die Fälle, in denen eine Zwangsversteigerung und Zwangsverwaltung von Gegenständen des unbeweglichen Vermögens außerhalb des Vollstreckungsverfahrens zulässig ist. Ein besonderes Einführungsgesetz wird hauptsächlich das Verhältniß des Entwurfs zu den Landesgesetzen festzustellen und die erforderlichen Uebergangsvorschriften zu treffen haben.

Quellen.

Bei der Regelung der Zwangsversteigerung schließt sich der Entwurf den Ergebnissen der neueren Rechtsentwickelung an, wie sie vor Allem in dem Preußischen Gesetze vom 13. Juli 1883, in den Bayerischen Gesetzen vom 23. Februar 1879 und 29. Mai 1886 sowie in dem Sächsischen Gesetze vom 15. August 1884 zur Geltung gelangt sind. Insbesondere führt er nach dem Vorgange dieser Gesetze den Grundsatz durch, daß die Zwangsversteigerung eines Grundstückes nur unter Wahrung derjenigen Rechte erfolgen darf, welche dem Anspruche des betreibenden Gläubigers vorgehen (Deckungsprinzip). Den gleichen Standpunkt hatte bereits der Entwurf eines Gesetzes, betreffend die Zwangsvollstreckung in das unbewegliche Vermögen, eingenommen, welcher im Jahr 1889 von der damaligen Kommission zur Ausarbeitung des Entwurfs eines Bürgerlichen Gesetzbuchs aufgestellt war (Drucksachen des Bundesraths 1889 Nr. 38). Gegenüber diesem früheren Entwurfe bietet indessen der jetzige im Einzelnen zahlreiche Abweichungen. Sie hängen zu einem großen Theile mit der durchgreifenden Umgestaltung zusammen, welche das Sachenrecht des Bürgerlichen Gesetzbuchs in der zweiten Lesung erfahren hat. Daneben ist auf eine Vereinfachung des Verfahrens Bedacht genommen, auch berechtigten Wünschen der Kritik nach Thunlichkeit Rechnung getragen.

Erster Abschnitt.

Zwangsversteigerung und Zwangsverwaltung von Grundstücken im Wege der Zwangsvollstreckung.

Erster Titel.

Allgemeine Vorschriften.

Gerichtsstand.

Die §§. 1, 2 betreffen den Gerichtsstand und dienen zum Ersatze der Vorschriften, welche die Civilprozeßordnung unter §. 755 Abs. 1 und §. 756 enthält. In den Fällen des §. 2 Abs. 2 kann übrigens, wie durch die Fassung besonders zum Ausdrucke gebracht wird, die Bestellung eines Vollstreckungsgerichts seitens des höheren Gerichts nur dann erfolgen, wenn die im §. 18 bezeichneten Voraussetzungen vorliegen.

Zustellungen.

Die Zustellungsvorschriften der Civilprozeßordnung sind auf ein Verfahren berechnet, in welchem sich zwei Parteien gegenüberstehen. Für die Zwangsversteigerung und die Zwangsverwaltung passen sie nur in beschränktem Maße, weil hier nicht blos die eigentlichen Parteien, sondern auch dritte Personen zu dem Verfahren heranzuziehen sind (§§. 22, 32, 41, 85, 88, 104, 105, 139, 141, 151, 173), außerdem aber Beschlüsse ergehen, die ungeachtet ihrer Verkündung einer Zustellung bedürfen (§§. 88, 89, 103, 104). Um die Zustellung an Alle, welche hiernach in Betracht kommen, zu sichern, stellt der Entwurf im Gegensatze zu dem Selbstbetriebe der Parteien, von welchem die Civilprozeßordnung ausgeht, aber im Einklange mit verschiedenen Landesgesetzen (Preuß. Gesetz §§. 16, 47, 101, Bayer. Gesetz 1879 Artikel 17, Sächs. Gesetz §. 53) den Grundsatz auf, daß die Zustellungen von Amtswegen erfolgen (§. 3).

Im Anschluß an das geltende Recht (Preuß. Gesetz §. 4, Bayer. Gesetz 1879 Artikel 17 bis 19, Sächs. Gesetz §§. 51 bis 58, Württemb. Gesetz 1879 Artikel 5) wird ferner die Art der Zustellung vereinfacht. Die Vorschriften der Civilprozeßordnung würden nicht selten zu einer Unterbrechung und Verzögerung des Verfahrens führen. Diese Gefahr liegt um so näher, je größer die Anzahl derjenigen ist, ohne deren Zuziehung nicht weiter verfahren werden darf. Mit Rücksicht hierauf läßt der Entwurf (§. 4) die Zustellung durch Aufgabe zur Post in erweitertem Umfange zu und sieht ferner (§§. 5 ff.) für eine Reihe von Fällen die Zustellung an besondere Vertreter vor. Statt der Bestellung eines Vertreters genügt es, wenn die Zustellung für juristische Personen oder für Personenvereine, die als solche klagen und verklagt werden können, an die Aufsichtsbehörde angeordnet wird (§. 6 Abs. 3); selbstverständlich ist diese Art der Zustellung nur möglich, wenn eine Aufsichtsbehörde vorhanden ist. Die vereinfachten Bestimmungen über die Zustellung finden nach §. 8 keine Anwendung auf die an den Schuldner zu bewirkende Zustellung des Beschlusses, durch welchen das Verfahren angeordnet oder der Beitritt eines Gläubigers zugelassen wird; angesichts der besonderen Wichtigkeit der Maßregel muß es hier bei den Vorschriften der Civilprozeßordnung bewenden.

Betheiligte.

Der Kreis der Personen, welche bei dem Verfahren zuzuziehen sind, damit sie ihre Rechte wahrnehmen können, wird vom Entwurfe (§. 9) im Anschluß an die Gesetze für Preußen §. 21, Bayern 1879 Artikel 40, Württemberg Artikel 11, 12 von vornherein bestimmt.

Zunächst gehören hierher, wie sich schon aus der Civilprozeßordnung ergiebt, der Gläubiger, d. h. derjenige, für welchen das Verfahren angeordnet wird, und der Schuldner, d. h. derjenige, gegen welchen die Anordnung sich richtet.

Weiterhin sind als Betheiligte diejenigen anzusehen, deren Interesse sich aus dem Grundbuch ergiebt, mithin Alle, für welche ein Recht oder zu deren Gunsten ein Widerspruch, eine Vormerkung, eine Verfügungsbeschränkung oder ein Veräußerungsverbot eingetragen ist; hierher gehört insbesondere auch ein nach §. 1189 des Bürgerlichen Gesetzbuchs für den jeweiligen Gläubiger bestellter Vertreter. Diese Betheiligten werden nach §. 9 Nr. 1 von Amtswegen zugezogen, wenn die Eintragung im Grundbuche bereits zur Zeit der Eintragung des Vollstreckungsvermerks erfolgt war (vergl. §. 19, §. 27 Abs. 1 Satz 2).

Wer nicht zu diesem Zeitpunkt oder wer überhaupt nicht im Grundbuch eingetragen ist, kann nach §. 9 Nr. 2 Berücksichtigung als Betheiligter nur finden, wenn er sein Recht anmeldet und glaubhaft macht. Zur Anmeldung geeignet, weil durch das Verfahren gefährdet, sind die der Zwangsvollstreckung entgegenstehenden Rechte, die Rechte an dem Grundstück oder an einem eingetragenen Rechte, die Ansprüche mit dem Rechte auf Befriedigung aus dem Grundstück, endlich das Mieth- und Pachtrecht, auf Grund dessen das Grundstück dem Berechtigten überlassen ist. Der Miether und Pächter erlangt durch die Anmeldung die Möglichkeit, auf die Erhaltung seines Rechtes hinzuwirken; denn er ist nunmehr in der Lage, eine entsprechende Feststellung der Versteigerungsbedingungen, insbesondere die Ausschließung des dem Ersteher an sich nach §. 57 zukommenden gesetzlichen Kündigungsrechts, zu beantragen (§. 59).

Rechte auf Befriedigung aus dem Grundstücke. Rangordnung.

In Anlehnung an den §. 39 Abs. 1 der Konkursordnung bestimmen die §§. 10 bis 14 des Entwurfs, welche Ansprüche ein Recht auf Befriedigung aus dem Grundstücke gewähren und in welcher Reihenfolge die Gläubiger zu befriedigen sind. Diese Bestimmungen bilden die Grundlage für die Regelung des geringsten Gebots, vor Allem aber für die Vertheilung des Versteigerungserlöses (§. 109 Abs. 2, §. 112 ff.) und der Verwaltungsüberschüsse (§§. 155 ff.). Der §. 10 theilt die betreffenden Ansprüche in acht Klassen und regelt ihr Verhältniß zu einander in der Weise, daß die Ansprüche einer Klasse immer erst dann berücksichtigt werden können, wenn alle Ansprüche der vorhergehenden Klasse zur Hebung gelangt sind.

Die Rangordnung in der ersten Klasse wird aus dem Gesichtspunkte der nützlichen Verwendung, nach dem Vorgange des Preußischen und des Sächsischen Gesetzes, dem Anspruche eines die Zwangsverwaltung betreibenden Gläubigers auf Ersatz bestimmter Verwaltungsausgaben eingeräumt (vergl. Entsch. des Reichsgerichts in Civils. Bd. 17 Nr. 62 S. 237 und Bd. 25 Nr. 47 S. 227).

In der zweiten Klasse finden, sofern ein Landgut den Gegenstand des Verfahrens bildet, die Lohn- und Unterhaltsansprüche der zur Bewirthschaftung des Gutes dauernd angestellten Personen ihre Stelle. Diese Personen tragen durch ihre Dienste zur Erhaltung des wirthschaftlichen Standes des Landgutes bei und arbeiten insofern zum Nutzen Aller, welche Befriedigung aus dem Gute erwarten dürfen. Ihre Leistungen können ebendeshalb ohne Verletzung berechtigter Interessen Dritter mit einem Vorzugsrecht ausgestattet werden. Ein solches Recht besteht bereits in Preußen, Mecklenburg, Oldenburg und Anhalt. Seine reichsgesetzliche Anerkennung wird in den Kreisen der Landwirthschaft lebhaft befürwortet.

In die dritte Klasse sind die öffentlichen Lasten, welche auf dem Grundstücke ruhen, eingereiht. Dahin gehören vor Allem die öffentlichen Abgaben (vergl. §§. 436, 1047 des Bürgerlichen Gesetzbuchs). Was im Einzelnen zu den öffentlichen Lasten zu rechnen ist, bestimmt sich nach dem öffentlichen Rechte der einzelnen Bundesstaaten. Die geltenden Gesetze erkennen das Vorrecht für die laufenden Beträge öffentlicher Lasten unbeschränkt an, ziehen ihm dagegen für die Rückstände eine Zeitgrenze, die in Württemberg, Baden, Rheinhessen auf ein Jahr, in Preußen, Bayern, Sachsen, Mecklenburg auf zwei Jahre, in einigen anderen Staaten auf drei Jahre bemessen ist. Eine solche Grenze erscheint in der That unerläßlich. Die Sicherheit des Realkredits müßte leiden, wenn das Vorrecht allen nicht verjährten Ansprüchen gewährt würde. Der Entwurf läßt das Vorrecht für die Rückstände von zwei Jahren zu und eröffnet damit die Möglichkeit, in Fällen eines besonderen Nothstandes die in Rede stehenden Leistungen ohne Gefahr des Verlustes auf einen entsprechenden Zeitraum zu stunden.

Die vierte Klasse umfaßt die Ansprüche aus dinglichen Rechten, soweit die Ansprüche nicht in die sechste oder die achte Klasse gehören. Nach dem Bürgerlichen Gesetzbuche gewähren ein Recht auf Befriedigung aus dem Grundstücke nur die Reallasten, Hypotheken, Grundschulden und Rentenschulden. Soweit es sich um andere dingliche Rechte handelt, muß aber das gleiche Recht auf Befriedigung auch dem Anspruche zukommen, der an die Stelle eines solchen Rechtes tritt, falls letzteres durch den Zuschlag erlischt (§. 91). Dies wird durch die allgemeine Fassung der Nr. 4 zum Ausdrucke gebracht. Von den wiederkehrenden Leistungen werden aus dem für die Ansprüche der dritten Klasse maßgebenden Grunde, neben den laufenden Beträgen, auch hier nur zweijährige Rückstände angesetzt.

In die fünfte Klasse ist nach dem Vorgange der Gesetze von Preußen, Bayern, Mecklenburg und Braunschweig der Anspruch des Gläubigers verwiesen, sofern er nicht schon in einer der vorhergehenden Klassen zu befriedigen ist. Der das Verfahren betreibende persönliche Gläubiger wird danach so behandelt, wie wenn für ihn eine Hypothek an letzter Stelle im Grundbuch eingetragen wäre. Das hiermit gewährte Vorzugsrecht entspricht dem Pfändungspfandrechte, wie es der Gläubiger bei der Zwangsvollstreckung in das bewegliche Vermögen erwirbt (§. 709 der Civilprozeßordnung).

Die sechste Klasse ist für die Ansprüche aus Rechten bestimmt, die erst nach der Beschlagnahme an dem Grundstücke begründet werden. Die Beschlagnahme hat zu Gunsten des Gläubigers die Wirkung eines Veräußerungsverbots (§. 23). Die später erfolgende Bestellung eines dinglichen Rechtes ist daher dem Gläubiger gegenüber unwirksam (§§. 135, 136 des Bürgerlichen Gesetzbuchs), und der Anspruch aus einem solchen Rechte kann folgeweise nicht in der vierten Klasse, sondern nur mit dem Range nach dem Anspruche dieses Gläubigers berücksichtigt werden.

In der siebenten und der achten Klasse finden die aus der dritten und der vierten Klasse ausgeschiedenen älteren Rückstände wiederkehrender Leistungen Aufnahme.

In allen Klassen kommen neben dem Hauptanspruche die etwaigen Kosten einer Kündigung und der dringlichen Rechtsverfolgung zum Ansatze (vergl. §. 1118 des Bürgerlichen Gesetzbuchs).

Sind in derselben Klasse Ansprüche aus verschiedenen Rechten zu berücksichtigen, so bestimmt sich das Rangverhältniß unter ihnen in der dritten und der siebenten Klasse nach den Landesgesetzen (§. 4 des Entwurfs eines Einführungsgesetzes), in der vierten, der sechsten und der achten Klasse nach §. 879 des Bürgerlichen Gesetzbuchs, in der fünften Klasse nach der Zeit der Beschlagnahme (§. 11); soweit es an einer maßgebenden Bestimmung fehlt, tritt Gleichheit des Ranges ein. Unter mehreren Ansprüchen aus demselben Rechte giebt der §. 12 den Kosten vor den sonstigen Nebenleistungen und diesen vor dem Hauptanspruche den Vorzug (vergl. §. 367 Abs. 1 des Bürgerlichen Gesetzbuchs).

Der §. 13 setzt im Anschluß an §. 36 des Preußischen Gesetzes für die verschiedenen Fälle wiederkehrender Leistungen den Zeitpunkt fest, nach welchem sich die Grenze zwischen den laufenden und den rückständigen Beträgen bestimmt. Als laufend gelten danach die Beträge, welche für die Zeit seit dem letzten Fälligkeitstermine vor der Beschlagnahme, als rückständig diejenigen, welche für die Zeit bis zu diesem Fälligkeitstermine zu entrichten sind.

Ansprüche von unbestimmtem Betrage.

Der §. 14 sieht vor, wie ein Anspruch, der nach §. 10 ein Recht auf Befriedigung aus dem Grundstücke gewährt, in dem

Verfahren, und namentlich bei der Feststellung des geringsten Gebots sowie bei der Vertheilung, dann behandelt werden soll, wenn er seinem Betrage nach unbestimmt ist. Der Entwurf entscheidet diese Frage, der Natur der Sache entsprechend, dahin, daß der Anspruch als durch die Feststellung des Betrages bedingt zu gelten hat (vergl. §. 48, §. 50 Abs. 2 Nr. 1, §§. 119, 120).

Zweiter Titel.

Zwangsversteigerung.

I. Anordnung der Versteigerung.

Voraussetzungen des Verfahrens.

Die Voraussetzungen des Verfahrens ergeben sich im Wesentlichen aus den allgemeinen Vorschriften der Civilprozeßordnung über die Zwangsvollstreckung (vergl. S. 52). Der Entwurf kann sich deshalb darauf beschränken, die dort in Wegfall kommende Vorschrift des §. 755 Abs. 2 hierher zu übernehmen. Demgemäß bestimmt er im §. 15, daß die Zwangsversteigerung eines Grundstücks von dem Vollstreckungsgericht angeordnet wird und daß diese Anordnung von einem Antrag abhängig ist. In welcher Weise der Gläubiger den Antrag zu stellen hat, ergiebt sich aus den Ordnungsvorschriften des §. 16. Wenn hier im Abs. 2 bestimmt wird, daß dem Antrage die für den Beginn der Zwangsvollstreckung erforderlichen Urkunden beizufügen sind, so ist damit zugleich ausgesprochen, daß die Zwangsversteigerung schon mit dem Beschlusse, durch welchen sie angeordnet wird, und nicht erst mit der Zustellung dieses Beschlusses an den Schuldner beginnt. Demgemäß hat das Gericht die Anordnung nur zu erlassen, wenn die vollstreckbare Ausfertigung des Titels (§§. 661, 703 der Civilprozeßordnung) und außerdem die Urkunden beigebracht sind, aus denen sich ergiebt, daß die in den §§. 671, 672 vorgesehenen Zustellungen an den Schuldner erfolgt sind.

Eigenthum des Schuldners.

Eine weitere, aus der Civilprozeßordnung sich ergebende Voraussetzung ist, daß das Grundstück, dessen Versteigerung beantragt wird, dem Schuldner gehört. Von einem förmlichen Nachweise des Eigenthums kann hier ebensowenig die Rede sein wie im Falle der Pfändung. Nach §. 891 des Bürgerlichen Gesetzbuchs wird aber vermuthet, daß derjenige, welcher als Eigenthümer im Grundbuch eingetragen ist, auch wirklich der Eigenthümer sei (vergl. §. 1148 des Bürgerlichen Gesetzbuchs). Dem entspricht es, wenn der §. 17 des Entwurfs grundsätzlich davon ausgeht, daß die Zwangsvollstreckung nur gegen den Schuldner angeordnet werden darf, der als Eigenthümer des Grundstücks eingetragen ist; dem eingetragenen Eigenthümer steht indessen der Erbe eines solchen gleich. Diese Regelung erscheint geeignet, etwaige Verwickelungen thunlichst auszuschließen. Die Eintragung läßt sich durch Bezugnahme auf das Grundbuch, beziehungsweise durch ein Zeugniß des Grundbuchamts, die Erbfolge durch die erforderlichen Urkunden, insbesondere den Erbschein (§§. 2353 ff. des Bürgerlichen Gesetzbuchs), ohne Schwierigkeit nachweisen.

Versteigerung mehrerer Grundstücke.

Handelt es sich um die Zwangsversteigerung mehrerer Grundstücke, so ist für jedes von ihnen an sich ein besonderes Verfahren erforderlich. In der Regel entspricht dies auch der Sachlage. Indessen erscheint es aus Gründen der Zweckmäßigkeit, namentlich behufs Verminderung der Kosten, geboten, eine Ausnahme für den Fall zuzulassen, daß die Zwangsversteigerung mehrerer Grundstücke wegen einer Forderung gegen denselben Schuldner betrieben wird. Ein gleiches Bedürfniß kann sich ergeben, wenn ein Gläubiger die Zwangsversteigerung mehrerer, verschiedenen Eigenthümern gehöriger Grundstücke auf Grund eines Rechtes betreibt, das an jedem dieser Grundstücke besteht, insbesondere auf Grund einer Gesammthypothek. Der Entwurf (§. 18) giebt daher für die bezeichneten Fälle dem Gerichte die Befugniß, auf Antrag eines Betheiligten die Versteigerung in demselben Verfahren anzuordnen.

Eintragung der Anordnung in das Grundbuch.

Der §. 19 legt im Abs. 1 nach dem Vorgange der Gesetze von Preußen §. 18, Bayern 1879 Artikel 30, Sachsen §. 84 und Baden §. 46 dem Vollstreckungsgerichte die Pflicht auf, bei Anordnung der Zwangsversteigerung das Grundbuchamt um die Eintragung dieser Anordnung in das Grundbuch zu ersuchen. Das Grundbuchamt hat (§. 19 Abs. 2) ohne Verzug die Eintragung zu bewirken und dem Gericht eine beglaubigte Abschrift des Grundbuchblatts und der das Blatt ergänzenden Urkunden zu ertheilen. Dem Gerichte wird damit in zuverlässiger Weise von den Rechten Kenntniß gegeben, die nach dem Inhalte des Grundbuchs zu berücksichtigen sind (§§. 28, 37, 38, 45, 48, 67, 91, 114).

Beschlagnahme. Gegenstand.

Schon die geltenden Gesetze schreiben, um den Erfolg des Verfahrens zu sichern, eine Beschlagnahme des Grundstücks vor. Der Entwurf (§. 20 Abs. 1) knüpft nach dem Vorgange der Konkursordnung (§§. 5, 100, 102) die Beschlagnahme an den Beschluß, durch welchen das Verfahren angeordnet wird; die Beschlagnahme tritt jedoch, ihrem Zweck entsprechend, nur zu Gunsten des Gläubigers ein. Nach §. 20 Abs. 2 ergreift die Beschlagnahme des Grundstücks zugleich die Gegenstände, welche neben dem Grundstücke zufolge des in die Civilprozeßordnung neu einzustellenden §. 757a der Zwangsvollstreckung in das unbewegliche Vermögen unterliegen. Dieser Grundsatz erleidet jedoch einige Einschränkungen. Zunächst schließt der Entwurf (§. 21 Abs. 1) die landwirthschaftlichen Erzeugnisse des Grundstücks, soweit sie nicht mit dem Boden noch verbunden oder soweit sie nicht Zubehör des Grundstücks sind, von der Beschlagnahme aus; es liegt kein Anlaß vor, dem Schuldner diese Hülfsmittel zu entziehen, so lange nicht eine Zwangsverwaltung eingeleitet ist. In demselben Umfange, wie die Erzeugnisse selbst, sind die Forderungen aus einer Versicherung der Erzeugnisse von der Beschlagnahme frei (§. 21 Abs. 1). Nicht minder sind frei die Mieth- und Pachtzinsforderungen, sowie die Ansprüche auf wiederkehrende Leistungen aus einem Rechte, das mit dem Eigenthum an dem Grundstücke verbunden ist (§. 21 Abs. 2). Wie die Fruchtziehung fällt auch die Erhebung und Verwendung solcher Außenstände in das Gebiet der Verwaltung, welche (§. 24 des Entwurfs) dem Schuldner ungeachtet der Zwangsversteigerung verbleibt. Wenn nach §. 20 Abs. 2 die Beschlagnahme diejenigen Gegenstände umfaßt, auf welche sich bei einem Grundstücke die Hypothek erstreckt, so ergiebt sich hieraus in Verbindung mit dem §. 1120 des Bürgerlichen Gesetzbuchs für die Fälle, in denen das zu versteigernde Grundstück verpachtet ist, von selbst, daß die Erzeugnisse oder sonstigen Bestandtheile, welche von dem Grundstücke getrennt und mit der Trennung in das Eigenthum des Pächters gelangt sind, der Beschlagnahme nicht unterliegen. Im Anschlusse hieran bestimmt aber der Entwurf (§. 21 Abs. 3) weiterhin, daß im Verhältnisse zu dem Rechte eines Pächters auf den Fruchtgenuß die Beschlagnahme überhaupt ohne Wirkung ist; damit wird diesem Rechte der Schutz auch für die Zeit gesichert, während welcher die dem Pächter zufallenden Früchte noch mit dem Boden verbunden sind. Für dasjenige Recht an einem Grundstücke, vermöge dessen die Erzeugnisse und sonstigen Bestandtheile mit der Trennung in das Eigenthum eines Anderen, als des Eigenthümers oder Eigenbesitzers des Grundstücks, gelangen, insbesondere für den Nießbrauch, versteht es sich schon gegenüber dem §. 1120 des Bürgerlichen Gesetzbuchs von selbst, daß eine Hypothek, die dem Rechte im Range vorgeht (§. 879 des Bürgerlichen Gesetzbuchs), sich auf die betreffenden Erzeugnisse und sonstigen Bodenbestandtheile ungeachtet der erfolgten Trennung erstreckt. Die gleiche Wirkung muß danach auch die Beschlagnahme haben, wenn das Recht, auf Grund dessen der Gläubiger die Zwangsversteigerung betreibt, dem Rechte des Nießbrauches im Range vorgeht. Einer ausdrücklichen Bestimmung in diesem Sinne bedarf es hier ebensowenig, wie im Bürgerlichen Gesetzbuche.

Wirksamkeit.

Der Abs. 1 des §. 22 bestimmt (Satz 1) im Einklange mit §. 16 des Preußischen Gesetzes, daß die Beschlagnahme, welche nach §. 23 Abs. 1 Satz 1 die rechtliche Bedeutung eines Veräußerungsverbots hat, mit der Zustellung des Versteigerungsbeschlusses an den Schuldner wirksam wird. Die Wirksamkeit des Beschlusses ist nicht davon abhängig, daß in dem Beschlusse die Beschlagnahme noch besonders ausgesprochen ist. In der Praxis wird es sich allerdings empfehlen, den Beschluß behufs Aufklärung der Betheiligten mit einem solchen Hinweise zu versehen. Dafür wird indessen im Wege der Dienstaufsicht Sorge getragen werden können. Nach dem §. 22 Abs. 1 Satz 2 wird ferner die Beschlagnahme auch mit dem Zeitpunkte wirksam, in welchem das Ersuchen um Eintragung des Versteigerungsvermerks dem Grundbuchamte zugeht, sofern auf das Ersuchen die Eintragung demnächst erfolgt. Aehnliche Vorschriften finden sich im Bayerischen Rechte und in anderen Landesgesetzen. Die Bestimmung gewährt dem betreibenden Gläubiger einen ausgiebigeren Schutz gegen Verfügungen des Schuldners über das Grundstück, auch soweit es sich um das Verhältniß zu Dritten handelt (vergl. §. 892 Abs. 1 Satz 2 des Bürgerlichen Gesetzbuchs). Insbesondere kommen hier mit Rücksicht auf den §. 878 des Bürgerlichen Gesetzbuchs die Fälle in Betracht, in denen die Zustellung des Versteigerungsbeschlusses an den Schuldner erst nach dem

Eingange des Ersuchens um Eintragung des Versteigerungsvermerks bewirkt wird, inzwischen aber ein Dritter zufolge Bewilligung des Schuldners eine Eintragung in das Grundbuch verlangt hat.

Die Vorschriften des Entwurfs über den Zeitpunkt, in welchem die Beschlagnahme wirksam wird, lassen sich, soweit eine Forderung des Schuldners Gegenstand des Verfahrens ist, nicht durchführen, ohne die Lage des Drittschuldners in unbilliger Weise zu gefährden. Der Abs. 2 des §. 22 bestimmt daher, daß die Beschlagnahme gegen den Drittschuldner erst mit dem Zeitpunkte Wirksamkeit erlangt, in welchem sie ihm bekannt oder (vergl. §§. 730, 808, 810, 815 der Civilprozeßordnung) ein Zahlungsverbot ihm zugestellt wird. Praktische Bedeutung wird diese Bestimmung namentlich in der Anwendung auf die Fälle der Zwangsverwaltung gewinnen (vergl. §§. 137, 139 des Entwurfs).

Was die beweglichen Sachen anlangt, welche von der Beschlagnahme mitbetroffen werden, so kann der Schuldner vermöge der Vorschrift des §. 22 Abs. 1 Satz 1 nach der Zustellung des Versteigerungsbeschlusses über solche Sachen nicht mehr verfügen, ohne sich strafrechtlicher Verfolgung auszusetzen (vergl. §. 137 des Strafgesetzbuchs). Dies ist indessen zum Schutze des betreibenden Gläubigers noch nicht ausreichend. Denn den Vorschriften des Bürgerlichen Gesetzbuchs zufolge (vergl. §§. 135, 136, 932, 933, 936) ist, sofern der Schuldner gleichwohl eine derartige Verfügung vornimmt, sie im Verhältnisse zu dem Erwerber nur dann unwirksam, wenn dem letzteren die Beschlagnahme bekannt oder in Folge grober Fahrlässigkeit unbekannt war. Mit Rücksicht hierauf bestimmt der Entwurf (§. 23 Abs. 2) weiter, daß, wenn die Beschlagnahme zum Vollzuge gelangt ist, die Kenntniß des Versteigerungsantrags einer Kenntniß der Beschlagnahme gleichsteht, und daß die Beschlagnahme auch in Ansehung der mithaftenden beweglichen Sachen als bekannt gilt, sobald der Versteigerungsvermerk eingetragen ist. Daraus ergiebt sich in Verbindung mit §. 22 Abs. 1 Satz 2 zunächst, daß eine der Beschlagnahme zuwiderlaufende Verfügung des Schuldners über bewegliche Sachen unter allen Umständen auch für den Erwerber unwirksam ist, wenn sie nach der Eintragung des Versteigerungsvermerks vorgenommen wird. Und in der gleichen Lage befindet sich ein Erwerber, der den Versteigerungsantrag kennt, schon vor der Eintragung, wenn im Augenblicke der Verfügung entweder dem Schuldner der Versteigerungsbeschluß zugestellt ist oder dem Grundbuchamt ein Ersuchen um Eintragung des Versteigerungsvermerks vorliegt, auf welches demnächst die Eintragung erfolgt.

Uebrigens gestattet der Entwurf (§. 23 Abs. 1 Satz 2) dem Schuldner, über einzelne bewegliche Gegenstände ungeachtet der Beschlagnahme mit Wirksamkeit gegen den Gläubiger zu verfügen. Voraussetzung hierbei ist, daß die Verfügung innerhalb der Grenzen einer ordnungsmäßigen Wirthschaft erfolgt. Diese Regelung entspricht der allgemeinen Vorschrift des Entwurfs (§. 24), wonach dem Schuldner auch nach der Beschlagnahme die Befugniß verbleibt, das Grundstück innerhalb der bezeichneten Grenzen zu verwalten und zu benutzen. Die Entziehung der fraglichen Befugniß ist durch den Zweck der Zwangsversteigerung an sich nicht geboten; der Gläubiger, der zu seiner Befriedigung die Nutzungen des Grundstücks in Anspruch nehmen will, kann jederzeit die Zwangsverwaltung beantragen.

Veräußerung des Grundstücks.

Wird die Zwangsversteigerung von einem Gläubiger betrieben, dessen Anspruch auf einem im Grundbuch eingetragenen Rechte (Reallast, Hypothek, Grundschuld oder Rentenschuld) beruht, so wird zufolge §. 26 des Entwurfs durch eine nach der Beschlagnahme erfolgte Veräußerung der Fortgang des Verfahrens selbst dann nicht gehindert, wenn der Erwerber von der Beschlagnahme keine Kenntniß (im Sinne des §. 23 Abs. 2) hatte. Diese mit §. 17 Abs. 2 des Preußischen Gesetzes übereinstimmende Vorschrift rechtfertigt sich durch die Erwägung, daß der Erwerber in dem bezeichneten Falle das eingetragene Recht aus dem Grundbuch ersieht und daher von vornherein mit der Möglichkeit rechnen muß, daß der Gläubiger das Recht im Wege der Zwangsvollstreckung verfolge. Handelt es sich dagegen um einen nur persönlichen Anspruch, so kann der Erwerber, falls ihm nicht einer der im §. 23 Abs. 2 bezeichneten Umstände entgegensteht, der Fortsetzung des Verfahrens widersprechen.

Erlöschen der Rechte aus der Beschlagnahme.

Da die Beschlagnahme lediglich die Bestimmung hat, der Durchführung der Zwangsversteigerung zu dienen, so versteht es sich von selbst, daß sie nebst den durch sie begründeten Rechten des Gläubigers in Wegfall kommt, wenn das Verfahren aufgehoben wird. Ebenso selbstverständlich erscheint es, daß im Falle der Zurücknahme des Versteigerungsantrags die Beschlagnahme als erledigt gelten muß, ohne daß es darauf ankommen könnte, ob der Beschluß auf Aufhebung (§. 29) ergangen und dem Gläubiger zugestellt worden ist (§. 32). Daß die Beschlagnahme durch Eröffnung des Konkursverfahrens über das Vermögen des Schuldners ihre Wirksamkeit nicht verliert, wird in einem Zusatze zur Konkursordnung (§. 10a, vergl. Anlage I) auszusprechen sein.

Beitrittsbeschluß.

Wenn einem Gläubiger das Recht zusteht, die Zwangsversteigerung eines Grundstücks zu verlangen, so darf dieses Recht nicht dadurch beeinträchtigt werden, daß vor ihm ein anderer Gläubiger die Anordnung des Verfahrens erwirkt hat. Da aber für ein zweites Verfahren kein Raum ist, so kann einem neuen Versteigerungsantrage nur in der Form der Zulassung des Beitritts stattgegeben werden. Die Zulassung hat im Uebrigen dieselben Voraussetzungen, wie die Anordnung des Verfahrens (§. 27 Abs. 1 Satz 1); auch begründet sie für den Antragsteller die gleichen Rechte, wie wenn auf seinen Antrag die Versteigerung angeordnet wäre. Demgemäß ist insbesondere, falls der ursprüngliche Versteigerungsantrag zurückgenommen wird oder als zurückgenommen gilt, das Verfahren für den Gläubiger, dessen Beitritt zugelassen ist, gleichwohl fortzusetzen (§. 27 Abs. 2). In das Grundbuch wird die Zulassung des Beitritts nicht eingetragen (§. 27 Abs. 1 Satz 2). Der einmal eingetragene Versteigerungsvermerk wirkt zu Gunsten des beigetretenen Gläubigers, sobald der Beitrittsbeschluß dem Schuldner zugestellt und damit die Beschlagnahme auch für diesen Gläubiger wirksam geworden ist (vergl. die Gesetze von Preußen §. 15, Bayern 1879 Artikel 42, Sachsen §. 59).

II. Aufhebung und einstweilige Einstellung des Verfahrens.

In den §§. 28 bis 34 regelt der Entwurf die Fälle der Aufhebung und der einstweiligen Einstellung des Verfahrens, soweit diese Fälle schon vor dem Versteigerungstermine vorkommen können.

Einwendungen des Schuldners und Rechte Dritter.

Inwieweit das Zwangsversteigerungsverfahren durch Einwendungen des Schuldners sowie durch entgegenstehende Rechte Dritter gehemmt wird, bestimmt sich im Allgemeinen nach den

Vorschriften der Civilprozeßordnung §§. 685 ff. Daß insbesondere bei Anwendung des §. 691 der Civilprozeßordnung stets das Vollstreckungsgericht darüber zu befinden hat, ob eine der dort bezeichneten Voraussetzungen für die Aufhebung oder Einstellung der Zwangsvollstreckung vorliegt, kann einem Zweifel nicht unterliegen.

Nach §. 690 Abs. 1 der Civilprozeßordnung kann ein Dritter, der behauptet, daß ihm ein die Zwangsversteigerung hinderndes Recht zustehe, seinen Widerspruch nur im Wege der Klage bei dem Gerichte geltend machen, in dessen Bezirke die Zwangsvollstreckung erfolgt. Dabei sind nach §. 690 Abs. 3 für die Einstellung der Zwangsvollstreckung die Vorschriften des §. 688 (vergl. §. 691) der Civilprozeßordnung maßgebend. In Uebereinstimmung mit dem §. 70 des Preußischen Gesetzes weicht der Entwurf von diesem Grundsatze für den Fall ab, daß das Recht, auf welches der Widerspruch gestützt wird, aus dem Grundbuch ersichtlich ist. Es würde der Bedeutung des Grundbuchs nicht entsprechen, wenn auch ein solches Recht, um von dem Vollstreckungsgerichte berücksichtigt zu werden, regelmäßig erst der Feststellung im Wege des Rechtsstreits bedürfte. Der §. 28 bestimmt demgemäß, daß das Vollstreckungsgericht, wenn ihm ein Recht der bezeichneten Art bekannt wird, das Verfahren entweder sofort oder nach dem fruchtlosen Ablauf einer von ihm dem Gläubiger zur Beseitigung des Hindernisses gewährten Frist aufzuheben hat.

Zurücknahme des Antrags.

Der Gläubiger ist berechtigt, den Versteigerungsantrag zurückzunehmen. Mit der Zurücknahme erledigt sich ohne Weiteres das Verfahren. Nach §. 29 soll aber das Gericht die Aufhebung des Verfahrens durch einen besonderen Beschluß, der gemäß §. 32 zuzustellen ist, aussprechen. Auf diese Weise ist Sorge getragen, daß die Erledigung des Verfahrens zur Kenntniß der unmittelbar Betheiligten gelangt.

Bewilligung der einstweiligen Einstellung durch den Gläubiger.

Mit Rücksicht auf die Lage des Schuldners darf das Gesetz dem Gläubiger die Befugniß nicht versagen, das Verfahren eine Zeit lang ruhen zu lassen. Auf der anderen Seite kommt jedoch in Betracht, daß eine solche Unterbrechung des Verfahrens in Folge des damit verbundenen Anwachsens der laufenden Leistungen (§. 10 Nr. 3, 4, §. 13) andere Betheiligte schädigen kann. Der §. 30 läßt deshalb nach dem Vorgange des §. 51 Abs. 1 des Preußischen und des §. 82 des Sächsischen Gesetzes die einstweilige Einstellung des Verfahrens auf Bewilligung des Gläubigers mit der Maßgabe zu, daß die Einstellung nur einmal erfolgen kann und daß eine erneute Bewilligung als Zurücknahme des Versteigerungsantrags (§. 29) gilt.

Wirkung der Einstellung.

Für die Fälle der einstweiligen Einstellung spricht der §. 31 Abs. 1 die Regel aus, daß die Fortsetzung des Verfahrens von einem Antrage des Gläubigers, dessen Interesse hier allein in Frage kommt, abhängig ist. Abweichungen von dieser Regel ergeben sich aus §. 28 des Entwurfs und §. 688 Abs. 2 der Civilprozeßordnung.

Das Antragsrecht des Gläubigers bedarf einer zeitlichen Begrenzung, damit nicht durch eine übermäßige Dauer der Unterbrechung des Verfahrens andere Betheiligte beeinträchtigt werden. Der §. 31 Abs. 2 sieht daher vor, daß das Verfahren aufzuheben ist, wenn nicht binnen sechs Monaten der Antrag gestellt wird.

Aufhebung und Einstellung nach dem Schlusse der Versteigerung.

Der Fall, daß das Verfahren aufzuheben oder einstweilen einzustellen ist oder daß ein Grund zur Aufhebung des Termins vorliegt, kann auch noch nach dem Schlusse der Versteigerung eintreten. Das Vollstreckungsgericht darf aber hier nicht in der Lage sein, die Aufhebung oder Einstellung des Verfahrens oder die Aufhebung des Termins durch einfachen Beschluß auszusprechen. Ein solcher Beschluß hat nach §. 72 Abs. 3 unbedingt das Erlöschen der Gebote zur Folge, und er würde daher das Ergebniß der Versteigerung selbst dann vereiteln, wenn er sich als sachlich nicht gerechtfertigt erwiese. Mit Rücksicht hierauf schreibt der §. 33 vor, daß in einem solchen Falle die Entscheidung nur durch Versagung des Zuschlags (§. 83) gegeben werden darf. Eine solche Entscheidung bringt die am Schlusse der Versteigerung noch gültigen Gebote erst zum Erlöschen, wenn sie rechtskräftig ist (§. 86), und die Betheiligten sind daher im Stande, durch Erhebung der Beschwerde die Aufhebung der Entscheidung und die Ertheilung des Zuschlags herbeizuführen.

III. Bestimmung des Versteigerungstermins.

Ausführung der Versteigerung

Die Ausführung der Versteigerung überträgt der Entwurf (§. 35), entsprechend dem schon jetzt im größeren Theile des

Reichs geltenden Rechte, dem Vollstreckungsgerichte. Dabei wird übrigens durch einen Vorbehalt im §. 13 des Entwurfs eines Einführungsgesetzes den Gebieten, in welchen gegenwärtig abweichende Einrichtungen bestehen, die Erhaltung dieser Einrichtungen in weitem Umfang ermöglicht.

Terminsbestimmung.

Der §. 36 enthält Ordnungsvorschriften über Zeit und Ort des Versteigerungstermins. Die Zeit zwischen der Anberaumung des Termins und dem Termine selbst soll in der Regel nicht mehr als sechs Monate betragen. Doch ist aus besonderen Gründen, namentlich um eine dem Schuldner nachtheilige Versteigerung zu ungelegener Zeit zu verhindern, auch die Bestimmung eines späteren Termins zulässig. Diese Rücksicht wird namentlich für die Versteigerung ländlicher Grundstücke von Bedeutung sein.

Inhalt.

In den §§. 37, 38 werden die Vorschriften über den Inhalt der Terminsbestimmung im Anschluß an die geltenden Gesetze (Preuß. Gesetz §. 40, Bayer. Gesetz 1879 Artikel 48, 1886 Artikel 20, Sächs. Gesetz §. 97) zusammengefaßt. Für die Gestaltung dieses Inhalts kommt in Betracht, daß es sich darum handelt, Alle, deren Rechte von dem Verfahren berührt werden, zur Wahrnehmung dieser Rechte zu veranlassen und zugleich diejenigen, welche zum Erwerbe des Grundstücks etwa geneigt sind, auf die Gelegenheit aufmerksam zu machen.

Die nach §. 38 in die Terminsbestimmung aufzunehmenden Angaben haben nur die Bedeutung einer Ordnungsvorschrift. Zum wesentlichen Inhalte gehören dagegen zufolge §. 37 die Bezeichnung des Grundstücks, welches versteigert werden soll, Zeit und Ort des Termins, die Angabe, daß die Versteigerung im Wege der Zwangsvollstreckung erfolgt, und endlich die Aufforderung zur Anmeldung der Rechte, welche bei der Feststellung des geringsten Gebots berücksichtigt werden sollen, sowie zur Geltendmachung von Rechten, die der Versteigerung entgegenstehen; im Einzelnen ist die Aufforderung (§. 37 Nr. 4, 5) so geregelt, daß sie den Vorschriften der §§. 9, 28, 45 ff., 66, 83, 110, 114 entspricht. Fehlt in der Terminsbestimmung eines der Erfordernisse des §. 37, so muß die Aufhebung des Termins (§. 43) und, wenn sich der Mangel erst nach dem Schlusse der

Versteigerung herausstellt, die Versagung des Zuschlags (§. 83 Nr. 6) erfolgen.

Bekanntmachung.

Die Terminsbestimmung muß öffentlich bekannt gemacht werden. Die Bekanntmachung erfolgt durch Einrückung in dasjenige Blatt, welches für Bekanntmachungen des Gerichts bestimmt ist (§. 39 Abs. 1). Wer das Blatt zu bezeichnen hat, entscheidet sich nach Landesrecht. Nicht ausgeschlossen ist, daß für die Bekanntmachung der Versteigerungstermine ein anderes Blatt gewählt wird als für sonstige gerichtliche Veröffentlichungen.

Für Grundstücke von geringem Werthe gestattet der §. 39 Abs. 2 dem Vollstreckungsgerichte, die bezeichnete Art der Bekanntmachung dadurch zu ersetzen, daß es die Terminsbestimmung in der Gemeinde an die für amtliche Bekanntmachungen bestimmte Stelle anheften läßt.

Zustellung.

Den Betheiligten muß vermöge ihrer Beziehungen zu dem Verfahren von der Terminsbestimmung besondere Kenntniß gegeben werden. Das Gericht hat ihnen die Terminsbestimmung zustellen zu lassen (§. 41 Abs. 1). Außerdem soll ihnen im Laufe der zweiten Woche vor dem Termine mitgetheilt werden, auf wessen Antrag und wegen welcher Ansprüche die Versteigerung erfolgt (§. 41 Abs. 2).

Fristen.

Wenn die Bekanntmachung der Terminsbestimmung ihren Zweck nicht verfehlen soll, so ist es geboten, daß zwischen der Bekanntmachung und dem Termin eine angemessene Frist liegt. Der Entwurf (§. 43 Abs. 1) geht davon aus, daß die Terminsbestimmung (§. 37) spätestens sechs Wochen vor dem Termine nach Maßgabe des §. 39 bekannt gemacht sein muß. Ebenso fordert er (§. 43 Abs. 2), um den Betheiligten die nöthige Zeit zur Ermittelung des Sachverhalts und zur Vorbereitung auf den Termin zu verschaffen, daß die Zustellung (§. 41 Abs. 1) an die Betheiligten, welche dem Gerichte schon bei der Bestimmung des Termins bekannt sind, nicht später als zwei Wochen vor dem Termine bewirkt werde. Endlich muß auch, in billiger Berücksichtigung der Lage des Schuldners, unter allen Umständen ein Zeitraum von zwei Wochen zwischen der Zustellung des Versteigerungsbeschlusses (§. 22 Abs. 1) und dem Termine frei gehalten werden; ist jedoch dieser Beschluß durch Zurücknahme des

Versteigerungsantrags erledigt, so genügt es, wenn ein Beitrittsbeschluß (§. 27) vor dem Beginne des Zeitraums dem Schuldner zugestellt worden und noch wirksam ist (§. 43 Abs. 2).

Ergiebt sich nach dem Schlusse der Versteigerung, daß einer der hiermit bezeichneten Voraussetzungen nicht genügt ist, so muß der Zuschlag versagt werden. Das Gericht hat daher schon vor dem Termin eine Prüfung in dieser Richtung vorzunehmen und, wenn es hierbei den Mangel entdeckt, den Versteigerungstermin aufzuheben. Doch kann der Mangel, falls er eine der in Frage stehenden Zustellungen betrifft, dadurch gehoben werden, daß der Betheiligte, um den es sich handelt, das Verfahren genehmigt (§. 43 Abs. 2 verbunden mit §. 83 Nr. 1).

IV. Geringstes Gebot. Versteigerungsbedingungen.

Standpunkt des Entwurfs.

Als in Deutschland für die Zwangsvollstreckung in Grundstücke der Weg der gerichtlichen Subhastation üblich wurde, gewann im Zusammenhange mit der damaligen Lage des Hypothekenrechts, welche jede zuverlässige Feststellung der auf einem Grundstücke haftenden Pfandrechte hinderte, allmählich der Grundsatz Geltung, daß der Zwangsverkauf eines Grundstücks die Hypotheken und die sonstigen mit diesen verwandten Belastungen zum Erlöschen bringe und daß demgemäß die Gläubiger mit ihren Pfand- und Vorzugsrechten lediglich auf das Kaufgeld zu verweisen seien. Danach hängt die Ertheilung des Zuschlags von der Höhe des Meistgebots nicht ab, und es kann mithin vorkommen, daß weder der betreibende Gläubiger noch alle ihm im Range vorgehenden Gläubiger aus dem Versteigerungserlöse befriedigt werden. Die Umgestaltung des Hypothekenrechts, wie sie sich späterhin in den meisten Staaten vollzog, führte im Allgemeinen eine Aenderung nach jener Richtung zunächst nicht herbei. Uebrigens hatte sich in Lübeck und Hamburg, in Württemberg, im rechtsrheinischen Hessen sowie in einigen Theilen Preußens mehr oder weniger die Auffassung behauptet, daß die Zwangsversteigerung nur unter Wahrung der dem betreibenden Gläubiger vorgehenden Rechte ausgeführt werden dürfe. Neuerdings aber ist (vergl. S. 54) dieser Gedanke im größten Theile des Reichs zur vollen gesetzlichen Anerkennung und Ausbildung gelangt. Der Entwurf stellt mithin das Ergebniß der bisherigen Rechtsentwickelung fest, wenn er die Zwangsversteigerung auf dieser Grundlage ordnet. In der That entspricht das Deckungsprinzip den Forderungen der Gerechtigkeit: es hindert den Gläubiger, eine für ihn selbst aussichtslose Versteigerung lediglich zum Nachtheile des Schuldners durchzuführen, und sichert die das Grundstück belastenden Rechte gegen Beeinträchtigungen, die auf ein nachstehendes Recht sich stützen. In der Anwendung hat sich der Grundsatz, soweit ersichtlich, durchweg bewährt. Seine Aufnahme in die Reichsgesetzgebung ist namentlich aus den Kreisen der Landwirthschaft lebhaft befürwortet.

Geringstes Gebot.

Die Durchführung des Grundsatzes erfolgt am einfachsten in der Weise, daß bei der Versteigerung nur ein solches Gebot zugelassen wird, durch welches die dem Anspruche des Gläubigers vorgehenden Rechte und die aus dem Versteigerungserlöse zu entnehmenden Kosten des Verfahrens gedeckt werden (§. 44 Abs. 1). Dieses Gebot, das geringste Gebot, ist vor dem Beginne der Versteigerung durch das Vollstreckungsgericht festzustellen (vergl. §. 66). Eine solche Feststellung ist nöthig, um die sofortige Prüfung jedes einzelnen Gebots, welches auf das Grundstück abgegeben wird, zu ermöglichen.

Wird das Verfahren wegen mehrerer Ansprüche von verschiedenem Range betrieben, so bestimmt sich das geringste Gebot nach dem vorgehenden Anspruche. Dies ist selbstverständlich ausgeschlossen, wenn der wegen dieses Anspruchs ergangene Versteigerungs- oder Beitrittsbeschluß (§§. 20, 27) dem Schuldner nicht rechtzeitig (§. 43 Abs. 2) zugestellt ist; in einem solchen Falle muß der folgende Anspruch der Feststellung des geringsten Gebots zu Grunde gelegt werden (§. 44 Abs. 2).

Rechte, welche zu berücksichtigen sind.

Die Rechte, auf deren Deckung es ankommt, sind bei der Feststellung des geringsten Gebots insoweit, als sie zur Zeit der Eintragung des Versteigerungsvermerks (§. 19) aus dem Grundbuch ersichtlich waren, nach dem Inhalte des Buchs, im Uebrigen nur dann zu berücksichtigen, wenn sie rechtzeitig (§. 37) angemeldet und erforderlichenfalls (§. 9 Nr. 2) glaubhaft gemacht werden (§. 45 Abs. 1). Die hieraus sich ergebende Behandlung der eingetragenen Rechte entspricht dem Grundbuchsysteme des Bürgerlichen Gesetzbuchs.

Für die wiederkehrenden Leistungen werden in den §§. 45 bis 47 zur Beseitigung von Zweifeln einige besondere Vorschriften gegeben. Nach §. 46 hat das Gericht für wiederkehrende Leistungen, die nicht in Geld bestehen, einen Geldbetrag festzusetzen, da sie (§. 49 Abs. 1) durch Zahlung aus dem Versteigerungserlöse zu berichtigen sind. Die laufenden Beträge solcher Leistungen wären an sich, dem §. 103 des Bürgerlichen Gesetzbuchs entsprechend, bis zum Zuschlage zu berücksichtigen. Da indessen dieser Tag bei dem Beginne der Versteigerung noch nicht feststeht, so wird, um der möglichen Schädigung eines Gläubigers, dessen Anspruch gedeckt werden muß, vorzubeugen, durch §. 47 des Entwurfs der maßgebende Zeitpunkt in der Weise bestimmt, daß die Beträge bis zum Ablaufe von zwei Wochen nach dem Versteigerungstermin anzusetzen sind.

Bedingte Rechte sind nach §. 48, in Uebereinstimmung mit den Gesetzen von Preußen §. 55 Abs. 3, Bayern 1886 Artikel 2 Abs. 2 und Sachsen §. 7, wie unbedingte zu behandeln, da die Feststellung des geringsten Gebots nicht von einer Bedingung abhängig gemacht werden kann. Dementsprechend werden auch Rechte, die durch Eintragung eines Widerspruchs oder einer Vormerkung gesichert sind, wie Eingetragene Rechte berücksichtigt.

Versteigerungsbedingungen.

Mit der Feststellung des geringsten Gebots steht die Gestaltung der Versteigerungsbedingungen in unmittelbarem Zusammenhange.

Der Entwurf entscheidet zunächst die Frage, wie der Ersteher die Verpflichtung aus seinem Gebote (dem Meistgebote) zu erfüllen hat.

Berichtigung des Meistgebots.

Die im §. 10 Nr. 1 bis 3 bezeichneten Ansprüche, die Kosten der Rechtsverfolgung sowie die laufenden und rückständigen Beträge wiederkehrender Leistungen sind nach allen geltenden Gesetzen durch Zahlung zu berichtigen, und dies entspricht auch den Bedürfnissen des Verkehrs. Dasselbe gilt von dem Anspruche des Gläubigers und den diesem im Range gleich- oder nachstehenden Ansprüchen. Demgemäß legt, soweit die fraglichen Ansprüche durch das Meistgebot gedeckt werden, der §. 49 Abs. 1 dem Ersteher die Pflicht auf, die Verbindlichkeit aus dem Gebote durch Zahlung zu erfüllen. Die Zahlung ist mit Rücksicht auf das für die Vertheilung des Versteigerungserlöses vorgeschriebene Verfahren in dem Termine zu leisten, in welchem der Erlös vertheilt wird. Der in diesem Termine zu zahlende Betrag, das Baargebot, ist vom Zuschlag ab zu verzinsen (§. 49 Abs. 2); dies rechtfertigt sich dadurch, daß die Nutzungen des Grundstücks mit dem Zuschlag auf den Ersteher übergehen. Der Ersteher kann sich übrigens von seiner Verbindlichkeit durch Hinterlegung nach Maßgabe des §. 49 Abs. 3 befreien.

Eine weitere Zahlungspflicht wird in der Regel durch das Meistgebot nicht begründet. Die berücksichtigten Rechte sind nach dem Grundsatze, daß die Zwangsversteigerung nur unter Wahrung der dem Gläubiger vorgehenden Rechte erfolgen darf, dadurch zu decken, daß sie bestehen bleiben (§. 52 Abs. 1). Die bestehenden Gesetze (Preuß. Gesetz §§. 54 ff., Bayer. Gesetz 1886 Artikel 5 ff., Sächs. Gesetz §§. 13 ff.) erreichen dieses Ziel in der Weise, daß der Ersteher die Rechte, soweit der Kapitalwerth in Frage kommt, in Anrechnung auf das geringste Gebot zu übernehmen hat. Das geringste Gebot wird danach auf einen Betrag festgesetzt, der zur Deckung der durch Zahlung zu befriedigenden und der auf das Meistgebot anzurechnenden Kapitalien ausreicht. Dies entspricht der Verkehrssitte, nach welcher bei dem Verkauf eines Grundstücks der Preis ohne Rücksicht auf die Belastungen bemessen, dabei aber vereinbart wird, daß die Rechte, deren Beseitigung nicht beabsichtigt ist, insbesondere die Hypotheken, von dem Käufer übernommen und auf das Kaufgeld angerechnet werden. Allein für die Zwangsversteigerung hat eine solche Uebernahme lediglich die Bedeutung, daß der Ersteher den Fortbestand der übernommenen Belastungen sich gefallen lassen muß. Ein praktisches Bedürfniß, den Fortbestand auf dem bezeichneten Umwege herbeizuführen, liegt hier nicht vor. Vielmehr gestaltet sich die Regelung einfacher, wenn das geringste Gebot unmittelbar auf den Betrag, welchen die Deckung der durch Zahlung zu befriedigenden Ansprüche erfordert, festgestellt, im Uebrigen aber dadurch ergänzt wird, daß die dem betreibenden Gläubiger vorgehenden Rechte bestehen bleiben.

Dies zeigt sich namentlich in dem Falle, daß eine übernommene Hypothek, Grundschuld oder Rentenschuld nicht besteht oder in Folge der Mithaftung eines anderen Grundstücks erlischt oder wenn das Recht von einer Bedingung abhängig ist und durch deren Ausfall oder Eintritt sich erledigt. Der Vortheil hiervon kommt selbstverständlich nicht dem Ersteher, sondern den Betheiligten zu, welche bei dem Fortbestehen des Rechtes unbefriedigt bleiben würden. Das Preußische Gesetz (§§. 58, 59) verpflichtet deshalb den Ersteher, anstatt des wegfallenden „Realanspruchs einen anderen Anspruch von gleicher Höhe unter den für den ersteren festgestellten Bedingungen der Verzinsung und der Zahlung zu übernehmen", und auch in den Gesetzen von Bayern (1886 Artikel 7 Abs. 2) und Sachsen (§. 16 Abs. 2) hat diese besondere Art der Uebernahme Eingang gefunden. Aus einer solchen Uebernahme ergeben sich aber, namentlich wenn der wegfallende und der für die Uebernahme in Frage kommende Anspruch ihrer rechtlichen Natur nach verschieden sind, vielfache Zweifel und Verwickelungen. Der Entwurf vermeidet diese Schwierigkeiten dadurch, daß er, seiner dargelegten Auffassung gemäß, mit dem Wegfall eines bei der Feststellung des geringsten Gebots berücksichtigten Rechtes eine entsprechende Erhöhung des Umfanges der Zahlungspflicht eintreten läßt. Für Hypotheken, Grundschulden und Rentenschulden bestimmt der §. 50, daß der Ersteher außer dem Baargebot auch den Betrag des berücksichtigten Kapitals zu zahlen hat, daß jedoch hinsichtlich der Verzinslichkeit, des Zinssatzes, der Zahlungszeit, der Kündigung und des Zahlungsorts die einmal getroffenen Bestimmungen maßgebend bleiben. Hinsichtlich der übrigen Rechte trifft der §. 51 die erforderlichen Vorschriften.

Schuldübernahme.

Haftet bei einer Hypothek, die bestehen bleibt, der Schuldner zugleich persönlich, so ist es ein Gebot der Billigkeit, daß der Ersteher diese Schuld in Höhe der Hypothek übernimmt, wie solches bei Kaufverträgen über Grundstücke üblich ist. Der §. 53 Abs. 1 trifft nach dem Vorgange der Gesetze von Preußen §. 115 Abs. 3, Bayern 1886 Artikel 6 und Sachsen §. 16 Abs. 3 eine dahin gehende Bestimmung.

Das Gleiche muß gelten, wenn bei einer Grundschuld, die bestehen bleibt, der Schuldner zugleich persönlich haftet. Da jedoch eine persönliche Haftung nicht ohne Weiteres mit der Grundschuld als solcher verbunden ist, so erfordert es die Rücksicht auf den Ersteher, daß dieser nur dann die persönliche Schuld zu übernehmen hat, wenn der Schuldner spätestens im Versteigerungstermine vor der Aufforderung zur Abgabe von Geboten die gegen ihn bestehende Forderung unter Angabe ihres Betrags und Grundes angemeldet und auf Verlangen des Gerichts oder eines Betheiligten glaubhaft gemacht hat.

Kündigung von Hypotheken.

Um den Ersteher vor Täuschung zu sichern, setzt der Entwurf im §. 54 die Versteigerungsbedingung fest, daß die von dem Gläubiger dem Eigenthümer oder von diesem dem Gläubiger erklärte Kündigung einer Hypothek, einer Grundschuld oder einer Rentenschuld dem Ersteher gegenüber nur wirksam ist, wenn sie spätestens im Versteigerungstermine vor der Aufforderung zur Abgabe von Geboten erklärt und bei dem Gericht angemeldet ist; der Kündigung wird jede aus dem Grundbuche nicht ersichtliche Thatsache, in Folge deren der Anspruch vor der Zeit geltend gemacht werden kann, gleichgestellt (vergl. die Gesetze von Preußen §. 57 Abs. 5, Bayern 1886 Artikel 6 Abs. 2, Sachsen §. 20 Abs. 1 Satz 2, Abs. 2). In ähnlicher Weise wird der Ersteher mit Bezug auf gerichtliche Entscheidungen zu schützen sein, die wegen eines derartigen Rechtes in einem gegen den Schuldner anhängigen Rechtsstreit ergehen (vergl. §. 238 a Abs. 2, §. 293 d Abs. 2 Satz 2 der Civilprozeßordnung in der Anlage I).

Erlöschende Rechte.

Soweit die das Grundstück belastenden Rechte nicht nach dem Inhalte des geringsten Gebots bestehen bleiben, wird ihr Erlöschen dem Ersteher durch die Vorschrift des §. 52 Abs. 1 gesichert. Nur die in den §§. 912 bis 917 des Bürgerlichen Gesetzbuchs bezeichneten Renten entziehen sich, ihrer Natur gemäß, dem Einflusse der Zwangsversteigerung selbst dann, wenn sie bei der Feststellung des geringsten Gebots keine Berücksichtigung finden (§. 52 Abs. 2).

Gegenstand der Versteigerung.

In den Kreis der Versteigerungsbedingungen fällt auch die Bestimmung der Gegenstände, auf welche die Versteigerung sich erstrecken soll. Bei der Bedeutung, welche das Zubehör eines Grundstücks für dessen Werth hat, muß jeder, der auf das Grundstück bietet, sicher sein, daß er, falls ihm der Zuschlag ertheilt wird, mit dem Grundstück alle Sachen erwirbt, die nach den §§. 97, 98 des Bürgerlichen Gesetzbuchs als Zubehör anzusehen sind. Nur so ist auf ein angemessenes Ergebniß der Versteigerung zu rechnen. Ob die einzelne Sache Eigenthum des Schuldners oder eines Dritten ist, kann es nicht ankommen; nur wenn dieser sein Recht nach Maßgabe des §. 37 Nr. 5 des Entwurfs geltend gemacht hat, unterliegt die Sache der Versteigerung nicht (§. 55 Abs. 2). Im Uebrigen erstreckt sich die Versteigerung nach §. 55 Abs. 1 auf alle in Beschlag genommenen Gegenstände, soweit die Beschlagnahme zur Zeit der Versteigerung noch wirksam ist (vergl. §§. 20 bis 24).

Uebergang der Gefahr, der Lasten und Nutzungen.

Die Gefahr eines zufälligen Unterganges des Grundstücks geht nach §. 56 Satz 1, wie schon nach §. 97 des Preußischen Gesetzes, mit dem Zuschlage, d. h. da dieser den Eigenthumsübergang bewirkt (§. 89), zugleich mit dem Eigenthum auf den Ersteher über. Diese Regelung entspricht der Vorschrift, welche der §. 446 Abs. 2 des Bürgerlichen Gesetzbuchs für den Verkauf eines Grundstücks giebt. Allerdings geht nach dem §. 446 Abs. 1 des Bürgerlichen Gesetzbuchs, wenn das verkaufte Grundstück vor der Auflassung übergeben wird, die Gefahr schon mit der Uebergabe auf den Käufer über. Für die Zwangsversteigerung wäre aber eine derartige Vorschrift ohne Bedeutung, da die Uebergabe an den Ersteher vor dem Zuschlage nicht in Frage kommt. Für die Gegenstände, welche der Ersteher mit dem Grundstück erwirbt, muß er die Gefahr vom Schlusse der Versteigerung an übernehmen; es wäre unbillig, über diesen Zeitpunkt hinaus dem Schuldner oder einem anderen Betheiligten die Haftung aufzuerlegen. Dagegen erscheint es (§. 56 Satz 2) sachgemäß, wenn die Lasten und die Nutzungen des Grundstücks erst mit dem Zuschlag auf den Ersteher übergehen (vergl. §§. 101 bis 103, 446 Abs. 1 des Bürgerlichen Gesetzbuchs).

Gewährleistung.

Ein Anspruch auf Gewährleistung kann nach dem Grunde und Zwecke der Zwangsversteigerung weder gegen den Schuldner noch gegen einen anderen Betheiligten zugelassen werden (§. 56 Satz 3). Für Mängel im Rechte ist die Gewährleistung schon gegenüber den Wirkungen, welche der Entwurf mit der Zwangsversteigerung verbindet (vergl. §§. 55, 90, 91, 93, 130), ausgeschlossen.

Miethe und Pacht.

Ist das zu versteigernde Grundstück vermiethet und der Besitz dem Miether eingeräumt, so liegt es nahe, den für den Fall der freiwilligen Veräußerung geltenden Grundsatz: „Kauf bricht nicht Miethe" (§§. 571 ff. des Bürgerlichen Gesetzbuchs) auch auf das Rechtsverhältniß zwischen dem Ersteher und dem Miether zu übertragen. Andererseits kann es aber der Erzielung eines angemessenen Erlöses Schwierigkeiten bereiten, wenn der Erwerber damit rechnen muß, das Grundstück im Besitz eines Miethers zu finden, dessen Recht vielleicht noch Jahre dauert und auch durch sonstige Beschränkungen dem Eigenthümer hinderlich in. Es handelt sich darum, hier eine billige Ausgleichung herbeizuführen. Demgemäß sieht der §. 57 des Entwurfs die entsprechende Anwendung der §§. 571, 572, des §. 573 Satz 1 und der §§. 574, 575 des Bürgerlichen Gesetzbuchs vor, gewährt aber zugleich im Anschluß an das Preußische Gesetz §. 22 Abs. 3 Satz 1 dem Ersteher die Befugniß, das Miethverhältniß unter Einhaltung der gesetzlichen Frist (§. 565 des Bürgerlichen Gesetzbuchs) für den ersten Termin nach dem Zuschlage zu kündigen. Uebrigens kann der Miether sein Interesse dadurch wahren, daß er das Recht aus dem Miethverhältnisse nach §. 9 Nr. 2 anmeldet und eine ihm günstigere Versteigerungsbedingung nach Maßgabe des §. 59 des Entwurfs herbeiführt (vergl. oben S. 57).

Für das Pachtverhältniß muß das Gleiche gelten wie für das Miethverhältniß.

Kosten des Zuschlags.

Die Kosten des Zuschlags werden im §. 58 nach dem Vorgange der Gesetze von Preußen §. 84 Abs. 1, Oldenburg Artikel 43 Abs. 3 und Anhalt §. 31 dem Ersteher auferlegt. Dies entspricht auch der Vorschrift des §. 449 des Bürgerlichen Gesetzbuchs, wonach dem Käufer die Kosten der Eigenthumsübertragung zur Last fallen.

Aenderung der Versteigerungsbedingungen.

Die Versteigerungsbedingungen sind ebensowenig wie die Vorschriften über das geringste Gebot zwingender Natur. Beide gelten nur insoweit, als nicht eine abweichende Feststellung erfolgt. Eine solche kann aber, da dem Vollstreckungsgerichte nur die Leitung des Verfahrens zusteht, nicht durch das Ermessen dieses Gerichts, sondern nur durch die Betheiligten selbst herbeigeführt werden. Der §. 59 Abs. 1 des Entwurfs giebt daher jedem der Betheiligten das Recht, eine von den gesetzlichen Vorschriften abweichende Feststellung des geringsten Gebots und der Versteigerungsbedingungen zu verlangen, fügt aber, um die Interessen der übrigen nicht zu verletzen, die Einschränkung hinzu, daß, wenn durch die Abweichung das Recht eines anderen Betheiligten beeinträchtigt wird, dessen Zustimmung erforderlich ist (vergl. die Gesetze von Preußen §. 45 Abs. 1, Sachsen §. 109). Ob eine solche Beeinträchtigung anzunehmen ist, kann für den einzelnen Fall zweifelhaft sein. Diese Ungewißheit läßt sich aber in einfacher Weise dadurch heben, daß das Grundstück doppelt ausgeboten wird, mit der verlangten Abweichung und ohne sie.

Verlangt ein Betheiligter, dessen Recht nach §. 52 erlöschen würde, daß das Fortbestehen dieses Rechtes bestimmt werde, so ist für die ihm nachstehenden Betheiligten die Gefahr einer Beeinträchtigung gewöhnlich ausgeschlossen. Es erscheint daher unbedenklich, wenn der §. 59 Abs. 2 der Vereinfachung halber vorschreibt, daß es der Zustimmung dieser Betheiligten nicht bedarf.

Festsetzung von Zahlungsfristen.

Die Regel des §. 59 Abs. 1, derzufolge eine von den gesetzlichen Vorschriften abweichende Feststellung der Versteigerungsbedingungen nur verlangt werden kann, wenn diejenigen Betheiligten zustimmen, deren Rechte durch die Abweichung beeinträchtigt werden, soll nach §. 60 für den Fall eine Ausnahme erleiden, daß ein Betheiligter die Festsetzung von Zahlungsfristen verlangt. Die Bewilligung derartiger Fristen entspricht den Gewohnheiten großer Rechtsgebiete, namentlich Süddeutschlands, und ist auch durch die betreffenden Landesgesetze anerkannt. Sie erleichtert dort den weniger bemittelten Kreisen der Bevölkerung den Ankauf kleinerer Grundstücke und wirkt so dem wirthschaftlich nicht zu begünstigenden Zwischenhandel mit diesen Grundstücken entgegen. Indem sie den Kreis der Bieter erweitert und höhere Gebote veranlaßt, liegt sie zugleich im Interesse aller Betheiligten. Jedoch ist mit Rücksicht auf diejenigen Betheiligten, deren Ansprüche durch das geringste Gebot zu decken sind, die Einschränkung erforderlich, daß solche Zahlungstermine nur für den das geringste Gebot übersteigenden Betrag des Meistgebots bewilligt werden dürfen. Weiterhin muß jedem Betheiligten, dessen Recht durch die Bewilligung von Zahlungsfristen beeinträchtigt werden würde, also insbesondere dem betreibenden Gläubiger und denjenigen, die ihm im Range gleichstehen oder nachstehen, die Befugniß eingeräumt werden, zu verlangen, daß das Grundstück mit Zahlungsfristen und ohne sie ausgeboten und daß auch Grund des mit Zahlungsfristen erfolgten Aufgebots der Zuschlag nur dann ertheilt wird, wenn ein Dritter unter Sicherheitsleistung sich verpflichtet, die dem Ersteher obliegende Zahlung vollständig oder mit einem Abzug im Vertheilungstermine zu bewirken, und wenn im Falle eines Abzugs nach dessen Abrechnung das Meistgebot mit Zahlungsfristen höher ist als das andere Meistgebot (§. 61). Aehnliche Vorschriften enthält schon das Badische Recht. Den Betheiligten wied dadurch die Möglichkeit gewährt, sich gegen die Nachtheile zu sichern, die für sie mit der Bewilligung von Zahlungsfristen namentlich dann verbunden sein können, wenn ihr durch den Zuschlag erlöschendes Recht einen bereits fälligen Anspruch begründet.

Vorbereitung der Feststellung des geringsten Gebots und der Versteigerungsbedingungen.

Die Feststellung des geringsten Gebots und der Versteigerungsbedingungen erfolgt nach §. 66 im Versteigerungstermin. Um indessen einer übermäßigen Belastung dieses Termins in verwickelteren Fällen vorzubeugen, gestattet der §. 62 (nach dem Vorgange der Gesetze von Preußen §. 45 Abs. 2, 3 und Bayern 1886 Artikel 24 Abs. 1 Satz 3) dem Gerichte schon vorher die Betheiligten zu Erörterungen über die festzustellenden Punkte zu veranlassen und zu diesem Zwecke namentlich einen besonderen Termin anzuberaumen.

Versteigerung mehrerer Grundstücke.

Besonderer Vorschriften bedarf es noch für den Fall, daß mehrere Grundstücke in demselben Verfahren zu versteigern sind. Der Entwurf (§. 63 Abs. 1) sieht hier die Einzelversteigerung als Regel vor (vergl. oben S. 10). Da jedoch erfahrungsmäßig ein Gesammtausgebot nicht selten ein besseres Versteigerungsergebniß liefert als das Einzelausgebot, so wird im §. 63 Abs. 2 weiter bestimmt, daß die Grundstücke oder einige von ihnen, wenn ein Betheiligter es verlangt, auch zusammen auszubieten sind. Das geringste Gebot wird alsdann zunächst für jedes einzelne Grundstück festgestellt; für die Gesammtversteigerung wird es aus den geringsten Geboten, wie sie für die einzelnen Grundstücke festgestellt sind, gebildet: Ist bei dem Einzelausgebot auf eines der Grundstücke ein Meistgebot abgegeben worden, welches höher ist als das für dieses Grundstück festgestellte Mindestgebot, so ist bei der Gesammtversteigerung das geringste Gebot um den fraglichen Mehrbetrag zu erhöhen. Die Deckung, welche ein Betheiligter durch das Einzelausgebot gefunden hat, wird ihm auf solche Weise auch für das Gesammtausgebot gesichert.

Da das Einzelausgebot die regelmäßige Versteigerungsart bildet, so darf der Zuschlag auf Grund des Gesammtausgebots nur ertheilt werden, wenn das bei diesem erzielte Meistgebot höher ist als das Gesammtergebniß der Einzelausgebote.

Das doppelte Ausgebot ist nur im Interesse derjenigen Betheiligten vorgesehen, deren Rechte bei der Feststellung des geringsten Gebots nicht berücksichtigt werden. Von dem Einzelausgebot ist daher überhaupt abzusehen, wenn diese Betheiligten damit einverstanden sind, daß lediglich ein Gesammtausgebot erfolge (vergl. §. 59). Der Entwurf geht aber weiter, indem er (§. 63 Abs. 3) das Einzelausgebot schon dann iu Wegfall kommen läßt, wenn von den genannten Betheiligten die zustimmen, die im Versteigerungstermin anwesend sind. Die Vereinfachung erscheint unbedenklich, da unter der bezeichneten Voraussetzung davon ausgegangen werden darf, daß nur von dem Gesammtausgebot ein angemessenes Ergebniß zu erwarten ist.

Feststellung des geringsten Gebots bei Gesammthypotheken.

Werden mehrere Grundstücke, die mit einer dem Anspruche des Gläubigers vorgehenden Gesammthypothek belastet sind, in demselben Verfahren versteigert, so ist bei der Feststellung des geringsten Gebots für die Gesammtversteigerung die Gesammthypothek selbstverständlich nur einmal zu berücksichtigen. Dagegen ist nach der Regel des §. 44 bei der Feststellung des geringsten Gebots für die Einzelversteigerung die Gesammthypothek in Ansehung jedes einzelnen Grundstücks zu ihrem vollen Betrag anzusetzen. Das Grundstück wird daher im Wege des Einzelausgebots nicht verkäuflich sein, wenn der Betrag der Gesammthypothek den Werth des Grundstücks nach Abzug der Belastungen übersteigt, die ihr im Range vorgehen und bestehen bleiben. Unter solchen Umständen ist dann ein Ergebniß nur im Wege des Gesammtausgebots zu erzielen. Von besonderer Bedeutung ist diese Frage für die Gebiete mit stark zersplittertem Grundbesitze, wo von der Gesammthypothek ein umfassender Gebrauch gemacht wird, die einzelnen mitbelasteten Grundstücke aber häufig nur einen geringen Werth haben. Auf Grund der Erwägungen, welche zu der Vorschrift des §. 60 geführt haben, erscheint es hier nicht minder geboten, daß für derartige Fälle auch die Einzelversteigerung ermöglicht werde. Demgemäß bestimmt der Entwurf (§. 64 Abs. 1 Satz 1), daß, wenn in demselben Verfahren mehrere Grundstücke versteigert werden sollen, die mit einer dem Anspruche des Gläubigers vorgehenden Gesammthypothek belastet sind, auf Antrag eines Betheiligten die Gesammthypothek bei der Feststellung des geringsten Gebots für das einzelne Grundstück nur zu dem Theilbetrage zu berücksichtigen ist, der dem Verhältnisse des Werthes des Grundstücks zu dem Werthe der sämmtlichen Grundstücke entspricht; dabei soll der Werth unter Abzug der Belastungen berechnet werden, die der Gesammthypothek im Range vorgehen und bestehen bleiben (vergl. §. 112 Abs. 2). Die Ausübung des hiermit den Betheiligten gewährten Rechts darf aber nicht zur Folge haben, daß andererseits derjenige, dem die Gesammthypothek zusteht, in der Wahrnehmung der Befugnisse beeinträchtigt wird, die zum Wesen einer solchen Hypothek gehören und durch §. 1132 des Bürgerlichen Gesetzbuchs ausdrücklich anerkannt sind. Dem Hypothekengläubiger ist daher das Recht vorbehalten, bis zum Schlusse der Verhandlung im Versteigerungstermine zu verlangen, daß bei der Feststellung des geringsten Gebots der Betrag seiner Gesammthypothek auf die zu versteigernden Grundstücke in anderer Art vertheilt wird oder für die Grundstücke nur die seinem Anspruche vorgehenden Rechte berücksichtigt werden (§. 64 Abs. 1 Satz 2). Macht der Hypothekengläubiger von seinem Wahlrechte Gebrauch, so ist er, wie keiner besonderen Hervorhebung bedarf, an die von ihm zunächst getroffene Entschließung nicht ohne Weiteres gebunden, vielmehr kann er sie bis zum Schlusse der Verhandlung im Versteigerungstermin, also bis zu dem Zeitpunkt, in welchem er die Tragweite seiner Entschließung vollständig zu übersehen vermag, noch ändern. Um ihn nach dieser Richtung vollständig zu sichern, bestimmt der Entwurf, daß die verschiedenen Ausgebote, welche auf Grund des §. 64 Abs. 1 nothwendig werden, neben einander erfolgen, daß also die Bieter durchweg an ihre Meistgebote gebunden bleiben. Ob auf das eine oder das andere Meistgebot der Zuschlag ertheilt werden soll, hängt lediglich von der Wahl des Hypothekengläubigers ab, da die verschiedenen Ausgebote nur in seinem Interesse erfolgen. Erklärt er sich nicht bis zum Schlusse der Verhandlung im Versteigerungstermine, so verbleibt es bei der nach §. 64 Abs. 2 Satz 2 erfolgten Feststellung des geringsten Gebots und ist das auf dieser Grundlage abgegebene Meistgebot für die Ertheilung des Zuschlags maßgebend.

Durch die Vorschriften des §. 64 Abs. 1 gestaltet sich zugleich die Lage derjenigen Gläubiger, deren Rechte der Gesammthypothek nachstehen, wesentlich günstiger. Kommt wie bei dem Gesammtausgebote, so bei der Einzelversteigerung der Betrag der Gesammthypothek nur einmal zum Ansatze, so wird auch im letzteren Falle der überschießende Werth der Grundstücke sofort für die nachstehenden Gläubiger frei, während bei Anwendung des §. 44 sie sich wegen ihrer Befriedigung auf den Betrag verweisen lassen müssen, welchen der Ersteher des einzelnen Grundstücks gemäß §. 50 Abs. 2 Nr. 2 für den Fall zu zahlen hat, daß demnächst die Gesammthypothek an diesem Grundstück erlöschen sollte (vergl. §. 125). Vermöge der Bestimmung des §. 64 Abs. 1 Satz 1 sind aber die nachstehenden Gläubiger jederzeit in der Lage, jenen Erfolg herbeizuführen und so den Weiterungen und Schwierigkeiten zu entgehen, welche mit der Verweisung auf eine spätere Ersatzzahlung regelmäßig verbunden sind. Der Eigenthümer von Grundstücken, welche mit einer Gesammthypothek belastet sind, wird unter diesen Umständen leichter Gelegenheit finden, seinen Realkredit durch Bestellung von Nachhypotheken auszunutzen.

Eine nach Maßgabe des §. 64 Abs. 1 vertheilte Gesammthypothek erlischt, sobald der Zuschlag erfolgt ist, in Ansehung des einzelnen Grundstücks zu dem Betrage, welcher bei der Feststellung des geringsten Gebots für das Grundstück nicht berücksichtigt war; soweit sie dagegen Berücksichtigung gefunden hat, bleibt sie an jedem der betreffenden Grundstücke als Einzelhypothek bestehen (§. 52). Ist nur ein Theil der mitbelasteten Grundstücke zur Versteigerung gebracht, so dauert die Gesammthypothek an den nicht versteigerten Grundstücken als solche in ihrem bisherigen Umfange fort; auch im Verhältnisse zu den einzelnen Hypotheken an den versteigerten Grundstücken bleibt sie insoweit Gesammthypothek, als die Beträge sich decken.

Im Abs. 2 des §. 64 ist vorgesehen, daß die nach Abs. 1 für die Gesammthypothek geltenden Vorschriften entsprechende Anwendung finden, wenn die zu versteigernden Grundstücke mit einer und derselben Grundschuld oder Rentenschuld belastet sind.

Abgesonderte Verwerthung von Forderungen oder beweglichen Sachen.

Der §. 65 Abs. 1 sieht vor, daß auf Antrag das Gericht eine besondere Versteigerung oder anderweitige Verwerthung von Forderungen oder beweglichen Sachen anordnen kann. Eine solche Maßregel ist geboten, wenn der Gegenstand von einem Dritten in Anspruch genommen und deshalb das Verfahren hinsichtlich dieses Gegenstandes eingestellt wird. Sie kann aber auch sonst angezeigt sein, namentlich dann, wenn von ihr die Erreichung eines höheren Preises zu erwarten ist. Der besonderen Verwerthung von Zubehörstücken kann selbstverständlich ein Hypothekengläubiger, dessen Recht bestehen bleibt, dann widersprechen, wenn von dieser Verwerthung eine die Sicherheit der Hypothek gefährdende Verschlechterung des Grundstücks im Sinne der §§. 1134, 1135 des Bürgerlichen Gesetzbuchs zu besorgen ist. Hiervon abgesehen schränkt der Entwurf das Ermessen des Gerichts insofern ein, als er (§. 65 Abs. 2) die abgesonderte Verwerthung von Forderungen oder beweglichen Sachen erst nach der Versteigerung des Grundstücks und nur dann zuläßt, wenn das geringste Gebot dabei erreicht ist. Die erstere Schranke ist geboten, weil die vorzeitige Verwerthung, namentlich von Zubehör, leicht den Erfolg der Versteigerung des Grundstücks gefährden kann. Das geringste Gebot aber muß bei dieser Versteigerung erreicht sein, da sonst die Ertheilung des Zuschlags für das Grundstück davon abhängig bleibt, daß die gesonderte Verwerthung der anderen Gegenstände zu einem befriedigenden Ergebnisse führt.

V. Versteigerung.

Gang der Verhandlung.

Der Gang der Verhandlung im Versteigerungstermin ergiebt sich aus der Aufgabe, welche hierbei zu erledigen ist. Nach dem Aufrufe der Sache sind die Anwesenden über die für die Versteigerung in Betracht kommenden Verhältnisse zu unterrichten, sodann das geringste Gebot und die Versteigerungsbedingungen nach Anhörung der Betheiligten festzustellen und die erfolgten Feststellungen zu verlesen; hiernächst ist auf die bevorstehende Ausschließung weiterer Anmeldungen hinzuweisen (vergl. §. 9 Nr. 2, §. 37 Nr. 4, §§. 45, 54 des Entwurfs und §§. 238a, 293d der Civilprozeßordnung) und endlich zur Abgabe von Geboten aufzufordern (§. 66).

Sicherheitsleistung für ein Gebot.

Bei der Versteigerung selbst kommt es zunächst darauf an, die Betheiligten gegen Gebote zu schützen, deren Verwirklichung eintretendenfalls unsicher sein würde. Im Anschluß an das Preußische Gesetz (§. 62 Abs. 1) bestimmt der Entwurf (§. 67 Abs. 1), daß ein Betheiligter, dem durch die Abgabe eines Gebots die Aussicht auf Befriedigung eröffnet wird, Sicherheitsleistung für die Erfüllung dieses Gebots zu verlangen befugt ist. Die Befugniß geht dem einzelnen Gebote gegenüber verloren, wenn sie nicht sofort ausgeübt wird. Ist aber das Verlangen einmal rechtzeitig gestellt, so gilt es auch für weitere Gebote desselben Bieters.

Ein Bieter, dem eine Hypothek, eine Grundschuld oder eine Rentenschuld an dem Grundstücke zusteht, braucht für ein Gebot, durch das sein Anspruch ganz oder theilweise gedeckt wird, Sicherheit in der Regel nur auf Verlangen des betreibenden Gläubigers zu leisten (§. 67 Abs. 2 Satz 1). Berechtigte Interessen werden durch diese Begünstigung nicht verletzt; andererseits ist es billig, wenn dem Betheiligten, der sich in solcher Lage befindet, eine Erleichterung gewährt wird, die ihn in den Stand setzt, die Gebote auf das Grundstück bis zu einem für seinen Anspruch genügenden Betrage zu steigern.

Keiner Sicherstellung bedürfen die Gebote des Reichs, der Reichsbank und der Bundesstaaten (§. 67 Abs. 3 Satz 1); der Landesgesetzgebung bleibt die Zulassung weiterer Befreiungen ähnlicher Art vorbehalten (§. 10 des Einführungsgesetzes). Weiterhin braucht im Falle des §. 61 der Bieter Sicherheit nicht zu leisten. Dies rechtfertigt sich durch die Erwägung, daß der Dritte, welcher die Zahlung für den Ersteher übernimmt, in der Regel Sicherheit zu leisten hat.

Die Höhe der zu leistenden Sicherheit ist im geltenden Rechte verschieden bestimmt. Der Entwurf schreibt im Anschluß an das Preußische Gesetz (§. 62 Abs. 2) vor, daß die Sicherheit für ein Zehntel des Baargebots, d. h. des im Vertheilungstermine durch Zahlung zu berichtigenden Theiles des Gebots, wenn aber der Betrag der aus dem Versteigerungserlöse zu entnehmenden Kosten höher ist, für diesen Betrag geleistet werden soll (§. 68 Abs. 1). Bei der Berechnung des Zehntels kommt derjenige Theil des Gebots, für welchen Zahlungsfristen festgesetzt worden sind, nicht in Betracht. Die hiermit als Regel bestimmte Höhe der Sicherheitsleistung wird geeignet sein, die Betheiligten vor Schaden zu bewahren, ohne doch den Kreis der Bieter über Gebühr einzuschränken. Eine Abweichung von dieser Regel tritt ein, wenn ein Betheiligter, dessen Recht nach §. 52 bestehen bleibt, Sicherheitsleistung verlangt. Das Deckungsprinzip führt hier ohne Weiteres zu dem Ergebnisse, daß die Sicherheit bis zur vollen Höhe des Betrages geleistet werden muß, welcher zur Deckung der Ansprüche durch Zahlung zu berichtigen ist, die dem Rechte eines solchen Betheiligten vorgehen (§. 68 Abs. 2). Tritt der Schuldner oder derjenige, der das Grundstück erst erworben hat, nachdem es zur Zwangsvollstreckung gestellt war, als Bieter auf, so kann dem betreibenden Gläubiger, da die Zahlungsfähigkeit eines solchen Bieters von vornherein zweifelhaft erscheint, billigerweise nicht zugemuthet werden, sich bei dem gewöhnlichen Betrage der Sicherheitsleistung zu beruhigen. Der Abs. 3 des §. 68 bestimmt daher, daß in einem solchen Falle der Gläubiger Sicherheitsleistung bis zur Höhe des Betrages verlangen kann, der zur Deckung seines Anspruchs durch Zahlung zu berichtigen ist.

Von den Mitteln, durch welche nach §. 232 des Bürgerlichen Gesetzbuchs die Sicherheit geleistet werden kann, eignen sich für den Zweck der Zwangsversteigerung nur Geld und inländische Werthpapiere (§. 69 Abs. 1 Satz 1). Andererseits kann hier im Interesse der Bieter auf das Erforderniß, daß die Papiere zu einer Gattung gehören, in der Mündelgeld angelegt werden darf (§. 234 Abs. 1 Satz 1 des Bürgerlichen Gesetzbuchs), verzichtet sowie, abweichend von dem §. 234 Abs. 3 des Bürgerlichen Gesetzbuchs, die Sicherheitsleistung in Höhe des ganzen Kurswerths der Papiere zugelassen werden (§. 69 Abs. 1 Satz 2, 3 des Entwurfs). Hiervon abgesehen bewendet es bei den Anforderungen, welche das Bürgerliche Gesetzbuch an die Papiere stellt. Im Uebrigen versteht es sich, da die Sicherheit immer nur auf Verlangen eines Betheiligten zu leisten ist, von selbst, daß dieser Betheiligte sich auch mit jeder anderen Art der Leistung begnügen kann. Ebenso ist ein Betheiligter in der Lage, das von ihm gestellte Verlangen der Sicherheitsleistung wieder zurückzunehmen. Als Zurücknahme gilt es auch, wenn von dem Gerichte das Gebot entgegen dem Verlangen ohne Sicherheit zugelassen und von dem Betheiligten nicht sofort Widerspruch erhoben wird (§. 70 Abs. 3).

Unwirksame Gebote.

Um etwaige Schwierigkeiten, durch welche der Erfolg der Versteigerung gefährdet werden kann, von vornherein thunlichst zu beseitigen, führt der Entwurf den Grundsatz durch, daß nur ein solches Gebot zuzulassen ist, auf welches der Zuschlag ertheilt werden kann, wenn es das letzte bleibt. Demgemäß hat das Gericht, wenn dem von ihm für zulässig erklärten Verlangen der Sicherheitsleistung nicht sofort entsprochen wird, das Gebot alsbald zurückzuweisen (§. 70 Abs. 1, 2). In gleicher Weise ist ein Gebot zurückzuweisen, das, sei es wegen mangelnder oder beschränkter Geschäftsfähigkeit des Bieters, sei es aus einem anderen Grunde, unwirksam ist (§. 71 Abs. 1). Dasselbe gilt, wenn die Vertretungsmacht desjenigen, der für einen Anderen geboten hat, oder die zur Wirksamkeit des Gebots erforderliche Zustimmung eines Dritten nicht bei dem Gericht offenkundig ist oder durch eine öffentlich beglaubigte Urkunde sofort nachgewiesen wird (§. 71 Abs. 2).

Andererseits erheischt die billige Rücksicht auf den Bieter, daß er an sein Gebot nicht länger gebunden wird, als es der Zweck des Verfahrens nothwendig mit sich bringt. Hierdurch rechtfertigen sich die Vorschriften des §. 72. Nach ihnen tritt grundsätzlich das Erlöschen eines Gebots ein, wenn das Gebot zurückgewiesen oder ein Uebergebot zugelassen, desgleichen wenn das Verfahren eingestellt oder der Termin aufgehoben wird (vergl. §. 146, §. 147 Abs. 1 Satz 1, §. 156 Satz 2 des Bürgerlichen Gesetzbuchs). Nur dann muß der Bieter bis zur rechtskräftigen Entscheidung über den Zuschlag gebunden bleiben, wenn er selbst der Zurückweisung des Gebots oder wenn ein Betheiligter dieser Zurückweisung oder der Zulassung des Uebergebots rechtzeitig widerspricht.

Dauer und Schluß der Versteigerung.

Einer übereilten Erledigung des Verfahrens tritt der §. 73 durch die Vorschrift entgegen, daß die Versteigerung mindestens eine Stunde dauern und jedenfalls so lange fortgesetzt werden muß, bis der Aufforderung des Gerichts ungeachtet ein Gebot nicht mehr abgegeben wird (vergl. §. 71 Abs. 1 des Preußischen Gesetzes). Uebrigens braucht, falls mehrere Grundstücke in demselben Verfahren zu versteigern sind, der Zeitraum von einer Stunde nicht für die Versteigerung jedes einzelnen Grundstücks eingehalten zu werden, es genügt, wenn für die Versteigerung überhaupt der Zeitraum von einer Stunde verstrichen ist.

Nach dem Schlusse der Versteigerung sind die Betheiligten über den Zuschlag zu hören (§. 74).

Einstellung des Verfahrens.

Dem Schuldner und jedem anderen Betheiligten, der mit einem Rechtsverluste durch die Zwangsversteigerung bedroht und deshalb zur Befriedigung des Gläubigers befugt ist (§§. 268, 1150 des Bürgerlichen Gesetzbuchs), steht (§. 75 des Entwurfs) auch nach dem Beginne der Zwangsversteigerung das Recht zu, die einstweilige Einstellung des Verfahrens durch Zahlung an das Gericht herbeizuführen und auf diese Weise die Veräußerung des Grundstücks abzuwenden (vergl. die Gesetze von Preußen §. 70 Abs. 3, Sachsen §. 81, Weimar §. 46).

Bei der Versteigerung mehrerer Grundstücke ist zur Schonung des Schuldners eine Vorschrift geboten, wie sie ähnlich für die Zwangsvollstreckung in das bewegliche Vermögen durch §. 708 Abs. 1 und §. 719 der Civilprozeßordnung Anerkennung gefunden hat. Nach §. 76 soll das Gericht, wenn auf eines oder einige der Grundstücke so viel geboten wird, daß der Anspruch des Gläubigers gedeckt ist, die Versteigerung der übrigen Grundstücke einstellen, sofern nicht das berechtigte Interesse des Gläubigers die Fortsetzung erforderlich macht (vergl. auch die Gesetze von Bayern 1879 Artikel 5, Sachsen §. 33, Baden §. 44). Ein berechtigtes Interesse des Gläubigers liegt beispielsweise dann vor, wenn nach Lage der Sache zu erwarten ist, daß gegen den Beschluß, durch welchen der Zuschlag in Ansehung der versteigerten Grundstücke erfolgt, von der einen oder anderen Seite Beschwerde erhoben und damit die Befriedigung des Gläubigers aus diesen Grundstücken in Frage gestellt oder erheblich verzögert werden wird.

Eine einstweilige Einstellung hat auch dann einzutreten, wenn ein den Zuschlag rechtfertigendes Gebot nicht erzielt wird (§. 77 Abs. 1). Dem Gläubiger kann nicht ohne Weiteres zugemuthet werden, daß er von dem Verfahren schon dann Abstand nehme, wenn der erste Termin kein Ergebniß gehabt hat. Der Entwurf (§. 77 Abs. 2) gewährt ihm daher in Uebereinstimmung mit den geltenden Gesetzen die Befugniß, nach Maßgabe des §. 31 noch einen zweiten Termin zu beantragen. Erst wenn auch dieser ergebnißlos verläuft, ist das Verfahren endgültig aufzuheben. Nach §. 77 Abs. 2 Satz 2 kann jedoch, wenn die Voraussetzungen für die Anordnung der Zwangsverwaltung vorliegen, das Gericht auf Antrag des Gläubigers anordnen, daß das Verfahren als Zwangsverwaltung fortgesetzt wird; in einem solchen Falle bleiben die Wirkungen der für die Zwangsversteigerung erfolgten Beschlagnahme bestehen. Diese Vorschrift ist geeignet, den Betheiligten Kosten und Weiterungen zu ersparen und zu verhüten, daß Verfügungen des Schuldners über das Grundstück, die seit der Beschlagnahme erfolgt sind, durch die Aufhebung des Verfahrens ihnen gegenüber wirksam werden. Die Fortsetzung des Verfahrens als Zwangsverwaltung darf übrigens nicht die Folge haben, daß zum Nachtheile der sonstigen Betheiligten die Kosten der ergebnißlos verlaufenen Zwangsversteigerung als Kosten der Zwangsverwaltung behandelt und demgemäß aus den Nutzungen des Grundstücks vorweg bestritten werden. Der Entwurf bestimmt daher ausdrücklich, daß die Vorschrift des §. 155 Abs. 1 auf die Kosten der Zwangsversteigerung keine Anwendung findet.

Protokoll.

Der §. 78 enthält einige Bestimmungen über das Terminsprotokoll; die Abweichungen von den Vorschriften der Civilprozeßordnung (§§. 145 bis 150) rechtfertigen sich durch die Besonderheiten der Zwangsversteigerung.

VI. Entscheidung über den Zuschlag.

Form der Entscheidung.

Nach dem Schlusse der Versteigerung hat das Vollstreckungsgericht sich über die Ertheilung des Zuschlags schlüssig zu machen;

die Entscheidung erfolgt, entsprechend dem für gerichtliche Entscheidungen im Zwangsvollstreckungsverfahren geltenden allgemeinen Grundsatze, in der Form des Beschlusses (§. 81).

Voraussetzungen des Zuschlags.

Der Zuschlag ist zu ertheilen, wenn einerseits ein wirksames Meistgebot vorliegt, namentlich also das versteigerte Grundstück der Veräußerung nicht entzogen und der Meistbietende in seiner Geschäftsfähigkeit nicht beschränkt ist, und wenn andererseits bei dem Verfahren keine derjenigen Vorschriften verletzt worden ist, die den Schutz der Betheiligten bezwecken. Welche Vorschriften im Einzelnen hierher gehören, stellt nach dem Vorgange des Preußischen Gesetzes (§. 75) der Entwurf unmittelbar und in einer das Ermessen des Gerichts ausschließenden Weise fest (§. 83). Er unterscheidet dabei zwischen solchen Gesetzesverletzungen, durch die lediglich bestimmte Rechte betroffen werden, und solchen, bei denen es ungewiß ist, wie weit sich ihre Wirkung erstreckt. Verstöße der ersteren Art bleiben im Interesse der anderen Betheiligten bei der Entscheidung über den Zuschlag außer Betracht, wenn entweder das betroffene Recht durch das Meistgebot gedeckt, der Berechtigte also nicht benachtheiligt ist, oder wenn dieser das gesetzwidrige Verfahren genehmigt hat (§. 84). Läßt sich dagegen der Umfang der Beeinträchtigung, welche vermöge der Gesetzesverletzung den Rechten Betheiligter droht, nicht mit Sicherheit übersehen, so muß, um eine solche Beeinträchtigung unter allen Umständen zu verhüten, stets die Versagung des Zuschlags erfolgen. Dies gilt insbesondere auch für den Fall, daß der Versteigerungstermin mit einer zu kurzen Frist anberaumt war oder die Versteigerung nicht die gesetzliche Mindestdauer gehabt hat (§. 83 Nr. 6). Jeder der zuletzt genannten Verstöße ist geeignet, den Kreis der Bieter einzuschränken und dadurch auf die Höhe des Meistgebots nachtheilig einzuwirken. Eben deshalb liegt selbst dann, wenn das erzielte Meistgebot sämmtliche Rechte deckt, eine Beeinträchtigung rechtlicher Interessen wenigstens insofern vor, als bei Abgabe eines höheren Gebots der nach Befriedigung der Berechtigten übrigbleibende Rest des Versteigerungserlöses dem bisherigen Eigenthümer des Grundstücks zufallen würde.

Aussetzung des Zuschlags.

Ist das Versteigerungsverfahren durchweg gesetzmäßig verlaufen, so kann doch das erreichte Meistgebot in Folge vorübergehender, die Preisbildung ungünstig beeinflussender Umstände hinter demjenigen Betrage zurückbleiben, der bei anderen Verhältnissen erzielt worden wäre. Mit Rücksicht hierauf gewährt der Entwurf im Anschluß an das in Preußen und den meisten anderen Bundesstaaten bestehende Recht jedem Betheiligten, der von dem Zuschlag auf Grund des vorliegenden Meistgebots einen Ausfall zu befürchten hat, die Befugniß, unter bestimmten, von ihm zu erfüllenden Voraussetzungen die wiederholte Versteigerung des Grundstücks in einem neuen Termine zu verlangen (§. 85).

Zuschlag an einen Anderen als den Meistbietenden.

Für die Entscheidung über den Zuschlag ist, soweit es sich um ihre thatsächliche Grundlage handelt, ausschließlich der Inhalt des Versteigerungsprotokolls maßgebend (§. 80). Um jedoch das Bieten auch solchen Personen, die das Grundstück nicht für sich behalten wollen, zu erleichtern, macht der Entwurf in Uebereinstimmung mit der Mehrzahl der Landesgesetze eine Ausnahme von jener Regel, indem er vorschreibt, daß bei der Entscheidung darüber, welcher Person der Zuschlag zu ertheilen ist, das Gericht auf eine nachträgliche Abtretung der Rechte aus dem Meistgebote sowie auf den nachträglichen Nachweis eines zwischen dem Meistbietenden und einem Anderen bestehenden Vertretungsverhältnisses Rücksicht zu nehmen hat (§. 81).

Uebergang des Eigenthums.

Durch den Zuschlag erwirbt der Ersteher das Eigenthum an dem Grundstück und den übrigen mitversteigerten Gegenständen, und zwar ohne Rücksicht darauf, ob das Eigenthum bisher dem Schuldner oder einem Dritten zustand (§. 90 Abs. 1 Satz 1, Abs. 2). Damit wird der bei der Bekanntmachung des Versteigerungstermins angedrohte Rechtsnachtheil (§. 37 Nr. 5) verwirklicht. Der Erwerb wird zwar erst dann unanfechtbar, wenn der Zuschlagsbeschluß die Rechtskraft beschreitet; im Uebrigen aber vollzieht er sich unabhängig von der Berichtigung des Baargebots und der Eintragung des Erstehers. Diese Regelung entspricht dem Preußischen Gesetze (§. 97). Die Gesetze anderer Bundesstaaten, insbesondere das Bayerische Gesetz 1879 (Artikel 55 Nr. 2), machen den Eigenthumsübergang davon abhängig, daß die Verpflichtungen aus dem Meistgebot erfüllt sind. Sie folgen dabei dem gemeinrechtlichen Grundsatze, wonach der Käufer einer Sache das Eigenthum nur erlangt, wenn der Preis bezahlt oder gestundet wird. Da aber das Bürgerliche Gesetzbuch diesen Satz beseitigt, kann eine derartige Vorschrift für den Entwurf nicht in Frage kommen. Ebensowenig besteht ein Bedürfniß, nach dem Vorbild anderer Landesgesetze den Eigenthumsübergang an die Eintragung in das Grundbuch zu knüpfen. Der Entwurf läßt die Berichtigung des Grundbuchs erst nach der Vertheilung des Versteigerungserlöses eintreten (§. 130 Abs. 1 Satz 1) und bestimmt im §. 90 Abs. 1 Satz 2, daß dem Ersteher das Recht, Eintragungen in das Grundbuch zu beantragen, erst zusteht, nachdem er als Eigenthümer eingetragen ist. Damit trägt er in ausreichender Weise dafür Sorge, daß der Ersteher nicht zum Schaden der Betheiligten vorzeitig über das Grundstück rechtlich verfügen kann. Zum Schutze gegen thatsächliche Verfügungen über das Grundstück aber dient die Vorschrift des §. 94, welche jedem Betheiligten das Recht giebt, die gerichtliche Verwaltung des Grundstücks herbeizuführen, solange nicht die Zahlung oder Hinterlegung erfolgt ist. Auf der anderen Seite würde der Ersteher vielfachen Weiterungen ausgesetzt sein, wenn er sein Recht auf Besitzergreifung gegen denjenigen, welcher ihm den Besitz vorenthält, im ordentlichen Rechtswege geltend machen müßte. In Uebereinstimmung mit einer Reihe von Landesgesetzen legt deshalb der Entwurf (§. 93) dem Zuschlagsbeschlusse die Bedeutung eines vollstreckbaren Titels bei, vermöge dessen der Ersteher unmittelbar die Zwangsvollstreckung auf Räumung und Herausgabe betreiben kann. Die Zwangsvollstreckung soll jedoch nicht erfolgen, wenn der Besitzer auf Grund eines Rechtes besitzt, das durch den Zuschlag nicht erloschen ist. Wird in einem solchen Falle gleichwohl die Zwangsvollstreckung eingeleitet, so kann der Besitzer nach Maßgabe des §. 690 der Civilprozeßordnung Widerspruch erheben; der Fortgang der Zwangsvollstreckung wird hierdurch nur nach Maßgabe des §. 688 der Civilprozeßordnung gehemmt.

Erlöschen von Rechten.

In Bezug auf die Belastungen des Grundstücks hat der Zuschlag die Wirkung, daß sie insoweit erlöschen, als sie nicht nach den Versteigerungsbedingungen (§. 52) oder in Folge einer besonderen Vereinbarung zwischen dem Ersteher und dem Betheiligten bestehen bleiben (§. 91). An die Stelle dieser erlöschenden Rechte tritt für die Berechtigten der Anspruch auf Ersatz des Werthes aus dem Versteigerungserlöse. Der Betrag der Ersatzleistung wird nach näherer Bestimmung des (§. 92 Abs. 2, 3 beziehungsweise des §. 121 Abs. 1 besonders festgestellt; ist ein Höchstbetrag im Grundbuch eingetragen, so darf er selbstverständlich bei der Festsetzung nicht überschritten werden (§. 882 des Bürgerlichen Gesetzbuchs).

Auf persönliche Rechte erstreckt sich die Wirkung des Zuschlags nicht. Gegen bestehende Mieth- und Pachtrechte wird der Ersteher durch den §. 57 geschützt (vergl. oben S. 57).

VII. Beschwerde.

Der Beschwerde unterliegende Entscheidungen.

Nach §. 701 der Civilprozeßordnung findet gegen Entscheidungen des Vollstreckungsgerichts die sofortige Beschwerde statt. Dieser Vorschrift können aber bei der Zwangsversteigerung die Beschlüsse, welche der Entscheidung über den Zuschlag vorangehen, nur insoweit unterworfen werden, als sie die Anordnung oder die Aufhebung, die einstweilige Einstellung oder die Fortsetzung des Verfahrens betreffen (§. 95). Die sonstigen hierher gehörigen Beschlüsse dienen zur Vorbereitung des Beschlusses, durch welchen der Zuschlag zu ertheilen oder zu versagen ist, und ermangeln derjenigen Selbständigkeit, welche die Voraussetzung für die Zulassung eines Rechtsmittels bildet. Ihr Inhalt ist daher lediglich nur insoweit Gegenstand der Anfechtung, als darauf das Rechtsmittel gegen den Beschluß über die Ertheilung des Zuschlags gestützt werden kann.

Beschwerde gegen den Beschluß über die Ertheilung des Zuschlags.

Die Entscheidung über den Zuschlag unterliegt den Vorschriften der Civilprozeßordnung über die sofortige Beschwerde nur mit gewissen, durch die Eigenthümlichkeit des Versteigerungsverfahrens bedingten Abweichungen (§. 96).

Beschwerderecht.

Was zunächst die Befugniß zur Beschwerde betrifft, so legt der Entwurf diese Befugniß denjenigen Personen bei, die ein berechtigtes Interesse an der Abänderung der Entscheidung haben können. Es sind dies der Gläubiger, ferner jeder Bieter, dessen Gebot noch wirksam ist, sowie derjenige, der nach §. 81 an die Stelle des Bieters treten soll, im Falle der Ertheilung des Zuschlags außerdem jeder Betheiligte, der Ersteher und der nach §. 82 für zahlungspflichtig erklärte Dritte (§. 97).

Beschwerdefrist.

Mit Rücksicht auf die große Zahl der Betheiligten wird zur Vereinfachung des Verfahrens der Beginn der Beschwerdefrist nicht an die Zustellung, sondern an die Verkündung des Beschlusses geknüpft; diese Abweichung von der Civilprozeßordnung greift jedoch, wenn es sich um die Anfechtung des Beschlusses handelt, durch den der Zuschlag ertheilt ist, nur in Ansehung der Betheiligten Platz, welche im Versteigerungstermin oder im Verkündungstermin erschienen waren (§. 98).

Gegenerklärung.

Als Gegner des Beschwerdeführers kommen bei der Zwangsversteigerung nicht immer dieselben Personen in Betracht. Das Beschwerdegericht hat daher, wenn es eine Gegenerklärung für erforderlich hält, zugleich zu bestimmen, wer als Gegner zuzuziehen ist. Diese Vorschrift (§. 99 Abs. 1) entspricht ebenso wie die weitere Bestimmung, daß mehrere Beschwerden mit einander zu verbinden sind (§. 99 Abs. 2), dem §. 91 des Preußischen Gesetzes.

Beschwerdegründe.

Die Beschwerdegründe werden durch den §. 100 Abs. 1, um die Anwendung des Gesetzes zu erleichtern, nach dem Vorgange des Preußischen Gesetzes (§. 88) ausdrücklich und in erschöpfender Weise bezeichnet. Hierbei kommen vor Allem die für die Ertheilung und die Versagung des Zuschlags maßgebenden Vorschriften der §§. 81, 83 bis 85 in Betracht. Sie haben sämmtlich den Zweck, durch Verhütung einer unrichtigen Entscheidung das berechtigte Interesse der Betheiligten sowie des Erstehers beziehungsweise des Meistbietenden zu schützen. Soll dieser Zweck vollständig erreicht werden, so muß es zulässig sein, jeden Verstoß gegen die bezeichneten Vorschriften als Beschwerdegrund geltend zu machen. Nicht minder aber ist es als Beschwerdegrund anzusehen, wenn der Zuschlag, ohne das Gesetz unmittelbar zu verletzen, unter anderen als den der Versteigerung zu Grunde gelegten Bedingungen ertheilt ist.

Daß ein Grund, der nur das Recht eines Anderen betrifft, weder die Beschwerde noch den Antrag auf deren Zurückweisung zu rechtfertigen vermag (§. 100 Abs. 2), entspricht der Auffassung, welche zu der Bestimmung des §. 84 geführt hat. Die Vorschriften des §. 83 Nr. 5, 6 sind in dem Grade wesentlich für das Verfahren, daß das Beschwerdegericht ihre Verletzung von Amtswegen berücksichtigen muß (§. 100 Abs. 3).

Entscheidung auf die Beschwerde. Weitere Beschwerde.

Erachtet das Beschwerdegericht das Rechtsmittel für begründet, so darf es nicht, wie dies nach dem §. 538 der Civilprozeßordnung an sich zulässig wäre, die erforderliche Anordnung dem Gericht übertragen, dessen Beschluß aufzuheben ist. Vielmehr hat es, damit das Verfahren nicht verzögert wird, in der Sache selbst zu entscheiden (§. 101 Abs. 1); hierzu ist es auch im Stande, da ihm das Sachverhältniß, auf Grund dessen der Zuschlag zu ertheilen oder zu versagen ist, vollständig vorliegt. Das Gleiche gilt auch für die weitere Beschwerde, jedoch, entsprechend dem §. 93 Abs. 2 des Preußischen Gesetzes, mit der Maßgabe, daß, wenn die von dem Beschwerdegericht aufgehobene Ertheilung des Zuschlags für begründet erachtet wird, die zweite Entscheidung aufzuheben und die Beschwerde gegen die erste zurückzuweisen ist (§. 101 Abs. 2).

In Folge der Bestimmungen der §§. 105, 117 kann es vorkommen, daß der Zuschlag noch nach der Vertheilung des Versteigerungserlöses von dem Beschwerdegericht aufgehoben wird. Hierdurch wird die Lage derjenigen, welchen der Erlös zugetheilt ist, vollständig verändert. Es erscheint daher billig, daß jedem von ihnen die weitere Beschwerde gegen die Entscheidung des Beschwerdegerichts gewährt wird (§. 102).

Zustellung der Entscheidung.

Hinsichtlich der Frage, in welcher Weise die Entscheidung über eine Beschwerde den davon betroffenen Personen bekannt zu machen ist, bestimmt der Entwurf (§. 103), daß in allen Fällen eine Zustellung erfolgen muß. Zwar ist eine mündliche Verhandlung über die Beschwerde nicht ausgeschlossen, und hier würde nach §. 294 der Civilprozeßordnung der Weg der Verkündung des Beschlusses gegeben sein. Thatsächlich wird indessen eine solche Verhandlung selten sein, und das Gesetz kann daher im Interesse der Vereinfachung von der Berücksichtigung dieses Falles absehen. Der Kreis der Personen, welchen zuzustellen ist, beschränkt sich, wenn die Beschwerde zurückgewiesen wird, auf den Beschwerdeführer und den zugezogenen Gegner. Im Falle der Aufhebung oder einer Abänderung des angefochtenen Beschlusses umfaßt er, da die Entscheidung für den Fortgang des Verfahrens maßgebend ist, alle Betheiligten und die im §. 88 bezeichneten Personen, aber auch den Bieter, welchem der Zuschlag verweigert wird.

Dem Standpunkt des §. 103 gemäß kann auch die Vorschrift des §. 89 nicht auf einen Beschluß, auf welchen das Beschwerdegericht den Zuschlag ertheilt, übertragen werden; dieser Beschluß wird vielmehr gleichfalls erst mit der Zustellung an den Ersteher wirksam (§. 104).

VIII. Vertheilung des Erlöses.

Standpunkt des Entwurfs.

Das Vertheilungsgeschäft ist nach dem Entwurf in Uebereinstimmung mit den meisten Landesgesetzen nicht den Berechtigten überlassen, sondern von dem Vollstreckungsgericht in einem von Amtswegen anzuberaumenden Termine auszuführen (§. 105). Daß der Termin von dem Gerichte wieder aufgehoben werden kann, wenn gegen die Ertheilung des Zuschlags Beschwerde erhoben worden ist, bedarf im Hinblick auf den §. 96 des Entwurfs in Verbindung mit dem §. 535 Abs. 2 der Civilprozeßordnung keines besonderen Ausdrucks.

Gegenstand der Vertheilung.

Gegenstand der Vertheilung ist dasjenige, was nach dem Ergebnisse der Versteigerung baar zu zahlen ist, in erster Linie also der Betrag des Baargebots und der Erlös aus einer etwaigen Sonderversteigerung oder anderweiten Verwerthung einzelner, von der Hauptversteigerung ausgeschlossener Gegenstände (§. 107). Weiter gehört zur Theilungsmasse der baare Betrag, den der Ersteher zur Ausgleichung dafür zu entrichten hat, daß er durch den nachträglichen Wegfall einer Belastung, die nach den Versteigerungsbedingungen bestehen bleiben sollte, bereichert ist (vergl. oben).

Theilungsplan. Ausführung des Planes.

Als Grundlage für die Vertheilung dient der Theilungsplan (§ 113). Er wird von dem Gericht im Termine nach Verhandlung mit den Betheiligten aufgestellt und muß, abgesehen von der Nachweisung der bestehen bleibenden Rechte, ersichtlich machen, welche Beträge den einzelnen Berechtigten auf ihre durch Zahlung zu deckenden Ansprüche zugetheilt werden. Zur Vorbereitung des Vertheilungsverfahrens kann übrigens das Gericht in der Terminsbestimmung die Betheiligten, jedoch ohne Androhung eines Rechtsnachtheils, auffordern, binnen zwei Wochen eine Berechnung ihrer Ansprüche einzureichen; in diesem Falle hat das Gericht nach dem Ablaufe der Frist den Theilungsplan anzufertigen und ihn spätestens drei Tage vor dem Termin auf der Gerichtsschreiberei zur Einsicht der Betheiligten niederzulegen (§. 106). Soweit gegen den Plan im Termine Widerspruch nicht erhoben wird, ist er als genehmigt anzusehen und zur Ausführung zu bringen. Ein erhobener Widerspruch hält die Ausführung auf, wenn der Widersprechende binnen eines Monats seit dem Termine dem Vollstreckungsgerichte nachweist, daß er gegen seinen Gegner Klage erhoben hat. Ist der dem letzteren zugetheilte Betrag baar vorhanden, so wird er bis zur Entscheidung des Rechtsstreits hinterlegt. Desgleichen erfolgt die Hinterlegung eines zugetheilten Betrags, wenn die Person des Berechtigten unbekannt (§. 126) oder die Dauer des Rechtes und demzufolge die Höhe der an den Berechtigten auszuzahlenden Summe unbestimmt ist (§. 121) oder wenn wegen einer dem Rechte anhaftenden Bedingung Ungewißheit darüber besteht, ob das Recht wirksam werden wird (§. 120). Im Uebrigen wird der vorhandene Baarbetrag nach Maßgabe des Theilungsplans an die Berechtigten gezahlt.

Uebertragung der Forderung gegen den Ersteher.

Leistet der Ersteher die ihm obliegende Zahlung im Vertheilungstermine nicht, so hat dies nach einer Anzahl von Landesgesetzen zur Folge, daß im Einklange mit den für die Zwangsversteigerung beweglicher Sachen geltenden Grundsätzen (§. 718 Abs. 3 der Civilprozeßordnung) das Grundstück unter Fortsetzung des bisherigen Verfahrens anderweit auf Gefahr und Kosten des Erstehers versteigert wird. Diese Regelung steht im Zusammenhange mit der oben Seite 92 erwähnten landesgesetzlichen Vorschrift, wonach der Ersteher das Eigenthum erst mit der Berichtigung des Meistgebots erwirbt. Vom Standpunkte des Entwurfs, der den Uebergang des Eigenthums an den Zuschlag knüpft, liegt kein Anlaß vor, ein solches Wiederversteigerungsverfahren herbeizuführen. Die Betheiligten, deren Ansprüche durch das Baargebot gedeckt sind, haben demgemäß ihre Befriedigung aus der gegen den Ersteher, im Falle des §. 61 aus der gegen den für zahlungspflichtig erklärten Dritten (vergl. §. 134), verbleibenden Forderung zu suchen. Diese Forderung bildet den Gegenwerth für den Eigenthumserwerb des Erstehers. Zunächst steht sie daher dem bisherigen Eigenthümer des Grundstücks zu. Ein anderer Betheiligter kann sie nur insoweit geltend machen, als sie auf ihn übertragen wird. Die Uebertragung erfolgt nach Maßgabe des festgestellten Theilungsplans durch eine Anordnung des Vollstreckungsgerichts (§. 118 Abs. 1 Satz 1). Eine solche Uebertragung wird auch dann erforderlich, wenn nach §. 60 Zahlungsfristen festgesetzt worden sind (§. 118 Abs. 1 Satz 2). Ist der Anspruch des Berechtigten bedingt, bestritten oder seiner Höhe nach unbestimmt, so werden der Uebertragung die der jedesmaligen Sachlage entsprechenden Einschränkungen hinzugefügt (§§. 120, 123, 124). Das Gleiche gilt, wenn die Person des Berechtigten unbekannt ist (§. 126 Abs. 2).

Wirkung der Uebertragung.

Die Uebertragung steht in ihrer Wirkung der Baarzahlung gleich. Diese Wirkung soll jedoch, soweit die Uebertragung auf Grund des §. 118 Abs. 1 Satz 1 erfolgt ist, dann nicht eintreten, wenn der Berechtigte innerhalb einer bestimmten Frist entweder auf die Rechte aus ihr verzichtet oder die abermalige Zwangsversteigerung des Grundstücks veranlaßt (§. 118 Abs. 2). Im letzteren Falle handelt es sich um ein neues selbständiges Verfahren, das gegen den Ersteher als den nunmehrigen Eigenthümer des Grundstücks oder gegen den späteren Eigenthümer betrieben wird. Auf die Anordnung, Fortsetzung und Endigung dieses Verfahrens finden daher, von den Sondervorschriften des §. 133 und des §. 128 Abs. 4 abgesehen, die für die Zwangsversteigerung überhaupt geltenden Bestimmungen Anwendung. Daß hieraus, gegenüber der landesgesetzlichen Wiederversteigerung, eine Erschwerung der Rechtsverfolgung sich ergeben könnte, wird nicht zu besorgen sein, da die Forderung aus dem Baargebot unmittelbar vollstreckbar ist (§. 132) und außerdem für die Einleitung des Verfahrens die erleichternde Vorschrift des §. 133 gilt. Im Falle des §. 61 ist auch die Forderung gegen den zahlungspflichtig erklärten Dritten, nicht aber die Forderung des Dritten gegen den Ersteher, vollstreckbar (§. 134).

Vertheilung des Erlöses aus einem Gesammtausgebote.

Einer besonderen Regelung bedarf die Vertheilung des Versteigerungserlöses für den häufig vorkommenden Fall, daß mehrere in demselben Verfahren zur Versteigerung gebrachte Grundstücke, welche verschieden belastet sind, auf Grund eines Gesammtausgebots für ein einheitliches Meistgebot zugeschlagen werden. In einem solchen Falle ist zu berechnen, wie viel von dem Gesammterlöse nach dem Verhältnisse des Werthes der einzelnen Grundstücke zu einander auf jedes Grundstück entfällt. Um die Schwierigkeit dieser Berechnung thunlichst zu vermindern, schreibt der Entwurf vor, daß diejenigen, deren Rechte durch das geringste Gebot gedeckt sind, stets aus dem ungetheilten Gesammterlöse befriedigt werden sollen, gleichviel ob ihnen alle oder nur einzelne Grundstücke haften (§. 112 Abs. 1). Eine Zerlegung des Gesammterlöses wird demnach nur dann nothwendig, wenn die verschiedenartige Belastung der Grundstücke durch Rechte herbeigeführt ist, die außerhalb des geringsten Gebots liegen. In diesem Falle aber darf für die Vertheilung des Gesammterlöses auf die einzelnen Grundstücke deren Werthverhältniß nicht schlechthin, sondern nur unter der Voraussetzung maßgebend sein, daß dadurch kein Berechtigter in seinen durch das Einzelausgebot erworbenen Aussichten auf Befriedigung beeinträchtigt wird. Hat also ein Einzelausgebot stattgefunden, so müssen diejenigen, welche aus dem für ein Grundstück erzielten Meistgebote Befriedigung erlangt haben würden, wenn dem Bieter der Zuschlag ertheilt worden wäre, in Höhe dieses Gebots unter allen Umständen aus dem Gesammterlöse befriedigt werden; der dem betreffenden Grundstücke zu überweisende Erlösantheil ist daher erforderlichenfalls entsprechend zu erhöhen (§. 112 Abs. 3).

Vertheilung eines Betrages außer dem Baargebote.

Ein weiterer, besonders zu regelnder Fall ist der, daß der Ersteher den Wegfall einer Belastung durch Baarzahlung auszugleichen hat. Leistet er die Zahlung im Vertheilungstermine, so wird der Betrag zusammen mit dem sonst vorhandenen Baarerlöse vertheilt. Dies kann indessen nur selten vorkommen, da mit Rücksicht auf die Vorschrift des §. 50 Abs. 1 Satz 2 zur Zeit des Vertheilungstermins die Forderung gegen den Ersteher in der Regel noch nicht fällig sein wird. Erfolgt die Zahlung nicht in dem Termine, so muß die Forderung gegen den Ersteher in derselben Weise wie ein rückständiger Betrag des Baargebots vertheilt und übertragen werden; die Forderung ist jedoch nicht ohne Weiteres vollstreckbar, und ebensowenig wirkt ihre Uebertragung wie eine Befriedigung aus dem Grundstücke (§. 125 Abs. 1, 3). Vielmehr besteht die praktische Bedeutung der Uebertragung nur darin, den Betheiligten, die mit ihren Ansprüchen auf die Forderung angewiesen sind, die Legitimation zu verschaffen, deren sie bedürfen, um die Forderung nach dem Eintritte der Fälligkeit gegen den Ersteher geltend machen zu können. Die Geltendmachung selbst bleibt dem Belieben der Betheiligten überlassen und berührt die Ausführung des Theilungsplanes auch dann nicht, wenn es zur Zeit der Aufstellung desselben ungewiß oder streitig erscheint, ob eine Verpflichtung des Erstehers zur Ersatzzahlung gegeben ist. Es ist daher im letzteren Falle zur Wahrung der Rechte gegen den Ersteher ein Widerspruch gegen den Plan nicht erforderlich; lediglich die Uebertragung erfährt eine der Sachlage entsprechende Einschränkung (§. 125 Abs. 2). Im

Uebrigen ist es selbstverständlich, daß die Forderung überhaupt nur dann in das Vertheilungsverfahren einbezogen werden kann, wenn die sie begründenden Thatsachen, soweit diese nicht dem Vollstreckungsgerichte bereits anderweit bekannt sind, in dem Vertheilungstermine zur Sprache gebracht werden. Ist also beispielsweise die Ersatzzahlung aus dem Grunde zu leisten, weil ein Recht, dessen Bestehen angenommen war, in Wirklichkeit nicht oder nicht mehr besteht, so ist für das Gericht ein Anlaß, im Theilungsplan eine Zutheilung der Forderung vorzunehmen, nur dann gegeben, wenn auf Grund des behaupteten Sachverhalts gegen den Plan, soweit er das Recht als bestehend aufführt, Widerspruch erhoben wird.

Berechtigung des Grundbuchs.

Nach Beendigung der Vertheilung hat das Vollstreckungsgericht, sofern der Zuschlag rechtskräftig geworden ist, von Amtswegen zu veranlassen, daß die Veränderungen, die der Zuschlag in den Rechtsverhältnissen an dem Grundstücke herbeigeführt hat, zur Eintragung in das Grundbuch gelangen und daß zugleich, falls eine Forderung aus dem durch Zahlung zu berichtigenden Theile des Meistgebots verblieben ist, für die zu ihrer Geltendmachung Berechtigten eine Sicherungshypothek eingetragen wird (§. 128 Abs. 1, 2, §§. 130 bis 131). Der Entwurf schreibt diese Eintragung im Interesse der Uebersichtlichkeit des Rechtszustandes allgemein vor. Sie hat sich daher, abweichend von dem Preußischen Gesetze (§. 124 Abs. 4), dessen Bestimmungen im Uebrigen für den Entwurf vorbildlich waren, auch auf denjenigen Theil der Forderung zu erstrecken, welcher zur Deckung von Zinsen, Beitreibungskosten und anderen Nebenansprüchen aus bestehen bleibenden Rechten übereignet ist. Die Eintragung der Hypothek für solche Nebenansprüche sowie für die im §. 10 Nr. 1 bis 3 bezeichneten Ansprüche darf jedoch den Rechten, welche bestehen geblieben sind, und den übrigen nach §. 128 Abs. 1, 2 eingetragenen Sicherungshypotheken nicht zum dauernden Nachtheile gereichen. Der §. 129 trifft in dieser Richtung die erforderliche Vorsorge.

Wird der Gläubiger, für dessen Forderung eine Sicherungshypothek eingetragen ist, später befriedigt oder erlischt die Forderung aus einem anderen Grunde, so geht nach §. 1163 des Bürgerlichen Gesetzbuchs die Hypothek auf den Ersteher über. Der §. 128 Abs. 3 Satz 2 bestimmt aber dem gegenüber, daß die nach §. 128 Abs. 1 begründete Sicherungshypothek von dem Ersteher nicht zum Nachtheil eines Rechtes, das bestehen geblieben ist, oder einer nach §. 128 Abs. 1, 2 eingetragenen Sicherungshypothek geltend gemacht werden kann. Diese Einschränkung rechtfertigt sich durch die Erwägung, daß es zur Begründung der Sicherungshypothek gar nicht gekommen wäre, wenn der Ersteher seine Zahlungsverpflichtung rechtzeitig erfüllt hätte, und daß aus der verspäteten Erfüllung ihm keine Rechte zum Nachtheile derjenigen Gläubiger erwachsen dürfen, die ihrerseits Anspruch auf Baarzahlung im Vertheilungstermine hatten. Mit Rücksicht auf die Besonderheiten, welche gemäß §. 128 Abs. 3 Satz 2, §. 129 und §. 132 Abs. 1 Satz 1 für die hier in Frage stehenden Sicherungshypotheken gelten, soll bei der Eintragung der Hypotheken im Grundbuch ersichtlich gemacht werden, daß sie auf Grund eines Zwangsversteigerungsverfahrens erfolgt ist (§. 130 Abs. 1 Satz 2).

Aufgebot unbekannter Berechtigter.

In den meisten Landesgesetzen fehlt es an Vorschriften darüber, wie das Vertheilungsverfahren zum Abschlusse gebracht werden soll, wenn sich für einen zugetheilten Betrag ein Berechtigter nicht gemeldet hat. Solche Vorschriften erscheinen jedoch kaum entbehrlich, da sonst derjenige, welchem nach dem Theilungsplane der fragliche Betrag im Falle der Nichtermittelung des Berechtigten gebührt, mit der Geltendmachung seines Rechtes so lange warten müßte, bis nach allgemeinen Grundsätzen ein Aufgebot des hinterlegten Baarbetrags oder der für die Forderung aus dem Meistgebote haftenden Sicherungshypothek zulässig wäre. Im Anschluß an das Preußische Gesetz (§§. 131 bis 135) schreibt deshalb der Entwurf vor, daß das Vollstreckungsgericht von Amtswegen dem unbekannten Berechtigten einen Vertreter zu bestellen hat, dem die Ermittelung des Berechtigten obliegt, und daß, falls diese Ermittelungen innerhalb dreier Monate nach dem Vertheilungstermine zu keinem Ergebnisse führen, der demnächst Berechtigte mit Ermächtigung des Vollstreckungsgerichts das Aufgebot zum Zwecke der Ausschließung des unbekannten Berechtigten von dem zugetheilten Betrag in Antrag bringen darf (§§. 135, 137, 138). Die Erledigung des Aufgebotsverfahrens, auf welches, abgesehen von den besonderen Bestimmungen des §. 140, die allgemeinen Vorschriften der Civilprozeßordnung Anwendung finden, ist aus praktischen Rücksichten nach dem Vorgange des Preußischen Gesetzes ebenfalls dem Vollstreckungsgericht übertragen.

Aufgebot von Briefen über eine Hypothek, Grundschuld oder Rentenschuld.

Dem Falle, daß sich für einen zugetheilten Betrag Niemand meldet, steht es gleich, wenn Jemand, der nicht der ursprünglich Berechtigte ist, den Betrag für sich in Anspruch nimmt, ohne den gehörigen Nachweis dafür erbringen zu können, daß das Recht auf ihn übergegangen ist, z. B. daß er den Berechtigten beerbt hat. Besteht jedoch der Legitimationsmangel bei dem sich Meldenden lediglich darin, daß er den über eine Hypothek, Grundschuld oder Rentenschuld gebildeten Brief nicht vorzulegen vermag, so ist es seine Sache, rechtzeitig das Aufgebot des Briefes und dessen Kraftloserklärung herbeizuführen. Die Bestellung eines Vertreters findet in diesem Falle nicht statt; desgleichen erfolgt das Aufgebot nicht durch das Vollstreckungsgericht als solches, sondern durch das zuständige Prozeßgericht. Nur für das Verfahren bedarf es einer Sonderbestimmung (§. 136) mit Rücksicht darauf, daß nach §. 131 Abs. 2 die Löschung von Hypotheken, Grundschulden und Rentenschulden, die durch den Zuschlag erloschen sind, unabhängig davon, ob der Brief beigebracht ist, bewirkt wird und daß daher diese Rechte meistentheils schon gelöscht sein werden, wenn der Berechtigte das Aufgebot des Briefes beantragt.

Recht auf hinterlegte Beträge.

Die Vorschriften des §. 142, wonach in den Fällen des §. 106 Abs. 2 und der §§. 120, 121, 124, 126 die Rechte auf den hinterlegten Betrag mit dem Ablaufe von dreißig Jahren zu Gunsten desjenigen erlöschen, welcher zur Zeit des Zuschlags Eigenthümer war, schließen sich dem §. 382 und dem §. 1171 Abs. 3 des Bürgerlichen Gesetzbuchs an.

Außergerichtliches Vertheilungsverfahren.

Die Vorschriften der §§. 143 bis 145 sind dem in Bayern (Gesetz v. 23. Februar 1879 Art. 95, 96 und v. 29. Mai 1886 Art. 32) und in Mecklenburg (Verordnung v. 24. Mai 1879 (§. 72, 73) geltenden Rechte nachgebildet. Von dem außergerichtlichen Vertheilungsverfahren wird dort häufig Gebrauch gemacht. Es erleichtert den Geschäftsbetrieb der Gerichte und ermöglicht den Betheiligten eine einfachere, billigere und schnellere Ausführung der Vertheilung.

Dritter Titel.

Zwangsverwaltung.

Die im Wege der Zwangsvollstreckung angeordnete Zwangsverwaltung eines Grundstücks soll, ebenso wie die Zwangsversteigerung, eine Befriedigung des Gläubigers aus dem Grundstücke herbeiführen. Diese Gleichheit des Zweckes der beiden Zwangsmaßregeln bringt es mit sich, daß außer den allgemeinen Vorschriften des ersten Titels auch eine Reihe von Vorschriften des zweiten Titels, insbesondere diejenigen über die Anordnung des Verfahrens, sich zur unveränderten Anwendung auf die Zwangsverwaltung eignen. Das Verfahren kann daher hier zum Theil durch Verweisung auf die entsprechenden Vorschriften des zweiten Titels geregelt werden (vergl. §. 146 Abs. 1, §. 156 Abs. 2, §. 157 Abs. 2, §. 158 Abs. 3, §. 161 Abs. 4).

Verfahren gegen den Eigenbesitzer.

Da bei der Zwangsverwaltung nur die Nutzungen des Grundstücks den Gegenstand der Zwangsvollstreckung bilden, so richtet sich das Verfahren in erster Linie nicht gegen den Eigenthümer, sondern gegen den Besitzer. Mit Rücksicht hierauf bestimmt der §. 147, daß, falls der betreibende Gläubiger wegen eines eingetragenen Rechtes Befriedigung sucht, die Anordnung des Verfahrens nicht von den im §. 17 Abs. 1 bestimmten Voraussetzungen abhängig sein, vielmehr es genügen soll, wenn der Schuldner das Grundstück im Eigenbesitze hat, d. h. als ihm gehörend besitzt (§. 872 des Bürgerlichen Gesetzbuchs). Vorausgesetzt wird dabei, daß entweder der Besitzer, der nicht zugleich Eigenthümer ist, die Einleitung der Zwangsverwaltung auf Grund eines gegen den Eigenthümer lautenden vollstreckbaren Titels freiwillig duldet oder daß der Gläubiger einen gegen den Besitzer selbst gerichteten vollstreckbaren Titel hat. Einen solchen Titel sich zu verschaffen, ist der Gläubiger in der Lage, da er sein dingliches Recht auf Befriedigung gegen Jedermann verfolgen kann, also auch gegen den Besitzer des Grundstücks, soweit der Besitz die Befriedigung hindert. Die Rechte des Eigenthümers werden durch die gegen den Besitzer angeordnete Zwangsverwaltung nicht berührt; der Eigenthümer muß aber, wenn er die Aufhebung des Verfahrens herbeiführen will, gemäß §. 690 der Civilprozeßordnung seinerseits den Weg der Klage gegen den betreibenden Gläubiger beschreiten. Für den Fall, daß der Gläubiger lediglich einen persönlichen Anspruch hat, verbleibt es bei dem Grundsatze des §. 17, nach welchem die Einleitung des Verfahrens nur gegen den Eigenthümer zulässig ist.

Beschlagnahme. Verwalter.

Die mit der Anordnung der Zwangsverwaltung verbundene Beschlagnahme des Grundstücks ist eine weitergehende als bei der Zwangsversteigerung. Sie erstreckt sich auch auf die Mieth- und Pachtzinsen sowie bei einem Landgut auf diejenigen geernteten, auf dem Gute befindlichen landwirthschaftlichen Erzeugnisse, welche nicht Zubehör im Sinne des §. 98 Nr. 2 des Bürgerlichen Gesetzbuchs sind, desgleichen auf den durch Versicherung gedeckten Werth dieser Gegenstände. Außerdem verliert der Schuldner in Folge der Beschlagnahme die Verwaltung und Benutzung des Grundstücks. Soweit zum Zweck der Erhaltung oder ordnungsmäßigen Nutzung eine dem Schuldner untersagte thatsächliche oder rechtliche Verfügung über das Grundstück erforderlich ist, wird sie durch einen Verwalter ausgeübt, den das Vollstreckungsgericht ernennt, in den Besitz des Grundstücks setzt und mit der erforderlichen Anweisung für die Verwaltung versieht. Der Verwalter hat die Nutzungen des Grundstücks, soweit sie nicht unmittelbar in einer Geldleistung bestehen, in Geld umzusetzen, die seiner Verwaltung unterliegenden Geldforderungen, zu denen je nach der Beschaffenheit des Falles auch die Versicherungsgelder für zerstörte Gebäude oder bewegliche Sachen gehören können, einzuziehen und auch im Uebrigen, falls sich eine dem Interesse der Betheiligten entsprechende weitere Verwerthung des Grundstücks, z. B. durch Vermiethung unbenutzter Räume, erzielen läßt diese herbeizuführen. Eine in letzterer Beziehung einschränkende, durch Billigkeitsrücksichten gegen den Schuldner veranlaßte Bestimmung enthält nach dem Vorgange fast aller Landesgesetze der §. 149. Für die Erfüllung der ihm obliegenden Verpflichtungen ist der Verwalter allen Betheiligten gegenüber verantwortlich; über seine Geschäftsführung hat er unter Vermittelung des Vollstreckungsgerichts, dessen Aufsicht er auch sonst unterstellt ist, alljährlich sowie nach der Beendigung der Verwaltung dem Gläubiger und dem Schuldner Rechnung zu legen (§. 154).

Verwendung und Vertheilung der Einnahmen.

Die Verwendung der Einnahmen erfolgt in der Weise, daß der Verwalter die Ausgaben der Verwaltung, die Gerichtskosten, soweit diese nicht anderen Personen zur Last fallen, und die laufenden Beträge der auf dem Grundstücke ruhenden öffentlichen Lasten selbständig berichtigt. Der verbleibende Ueberschuß wird durch das Vollstreckungsgericht vertheilt. Für die Vertheilung gelten im Wesentlichen dieselben Vorschriften wie bei der Zwangsversteigerung. Sie wird auch hier auf Grund eines Theilungsplans vorgenommen, den das Gericht in einem Termin aufstellt und gegen den, wenn seine Ausführung gehindert werden soll, in dem Termine Widerspruch und demnächst rechtzeitig Klage erhoben werden muß. Gegenstand der Vertheilung durch den Plan sind aber hier nicht blos die bei seiner Aufstellung schon vorhandenen, sondern auch die zukünftigen Bestände (§. 156 Abs. 2 Satz 2). Mit Rücksicht hierauf gestattet der Entwurf, um unbillige Härten zu vermeiden, die nachträgliche Anfechtung des Planes im Prozeßweg insoweit, als der Plan noch nicht ausgeführt ist; Beträge hingegen, die der Gegner des Anfechtenden auf Grund des Planes bereits empfangen hat, können ihm mittelst einer solchen Anfechtungsklage nicht wieder abgefordert werden (§. 159).

Rangordnung.

Berücksichtigt werden bei der Vertheilung alle Rechte die entweder sich aus der seitens des Grundbuchamts dem Vollstreckungsgerichte mitzutheilenden beglaubigten Abschrift des Grundbuchblatts ergeben oder bei dem Vollstreckungsgericht angemeldet sind. Maßgebend ist dabei die in den §§. 10 bis 12 bestimmte Rangordnung. Jedoch werden die dem betreibenden Gläubiger vorgehenden Berechtigten nicht wegen ihrer Kapitalforderungen, sondern nur wegen ihrer Ansprüche auf laufende Zinsen oder sonstige wiederkehrende Leistungen befriedigt. Andererseits kann aber der betreibende Gläubiger auch für seine eigene Kapitalforderung erst dann Befriedigung verlangen, wenn sämmtliche der vierten Klasse angehörenden Ansprüche der gedachten Art, auch soweit sie seinem Rechte nachstehen, berichtigt sind; er wird mit der Kapitalforderung immer erst in der fünften Klasse berücksichtigt (§. 155 Abs. 2). Die Ansprüche der weiteren Klassen bleiben gänzlich außer Betracht, da, sobald der betreibende Gläubiger befriedigt ist, das Verfahren aufgehoben wird (§. 161 Abs. 2); ein etwa vorhandener Ueberschuß fällt dem Eigenthümer oder Eigenbesitzer des Grundstücks zu. Abweichend hiervon lassen die Gesetze mehrerer Staaten, insbesondere Württembergs Artikel 31 und Sachsens §. 194, über die Vertheilung der Verwaltungsüberschüsse schlechthin die für die Vertheilung des Ver=

steigerungserlöses geltenden Rangvorschriften entscheiden, so daß der betreibende Gläubiger erst nach vollständiger Befriedigung aller vorgehenden Berechtigten etwas aus dem Erlös erhält. Die Regelung des Entwurfs, der sich in dieser Beziehung dem Preußischen Gesetze (§. 147) angeschlossen hat, beruht auf der Erwägung, daß die Zwangsverwaltung, im Gegensatze zur Zwangsversteigerung, dem Schuldner den Grundbesitz erhalten und demgemäß dem Gläubiger in erster Linie nur wegen seiner laufenden Nebenansprüche Befriedigung verschaffen soll, während die Deckung des Hauptanspruchs in den Hintergrund tritt. Dieser Zweck würde vereitelt werden, wenn die dem Gläubiger nachstehenden Berechtigten mit der Befriedigung wegen ihrer laufenden Ansprüche so lange warten müßten, bis die Rechte des Gläubigers und der ihm vorgehenden Berechtigten in voller Höhe gedeckt wären. Hierdurch würden die nachstehenden Berechtigten dazu gedrängt werden, sofort die Zwangsversteigerung zu betreiben. Auf der anderen Seite erleiden die dem Gläubiger vorgehenden Berechtigten dadurch, daß sie gleichfalls nur wegen der laufenden Ansprüche befriedigt werden, keinen Nachtheil, da sie der Zwangsverwaltung beitreten und auf diese Weise eine unverkürzte Berücksichtigung ihres Rechtes an bevorzugter Stelle herbeiführen können.

Ausführung der Vertheilung.

Ist der Theilungsplan festgestellt, so hat das Gericht die Auszahlung anzuordnen; die Auszahlung selbst erfolgt je nach dem Bestande der vorhandenen Baarmittel fortlaufend durch den Verwalter ohne Mitwirkung des Gerichts. Nur wenn Kapitalzahlungen geleistet werden sollen, hat der Verwalter zu diesem Zwecke die Anberaumung eines Termins zu beantragen (§. 158 Abs. 1, §. 157 Abs. 1 Satz 2). Soweit in Folge einer solchen Zahlung das betreffende Recht erloschen ist, hat das Gericht wegen der Berichtigung des Grundbuchs in gleicher Weise von Amtswegen das Erforderliche zu veranlassen wie bei der Zwangsversteigerung (§. 158 Abs. 2, 3).

Endigung der Zwangsverwaltung.

Die Zwangsverwaltung ist aufzuheben, wenn dem Gericht ein aus dem Grundbuch ersichtliches Recht bekannt wird, das der Fortsetzung des Verfahrens entgegensteht (§. 28), oder wenn nach den Vorschriften der Civilprozeßordnung die Zwangsvollstreckung eingestellt werden muß, insbesondere also, wenn der betreibende Gläubiger befriedigt ist oder den Vollstreckungsantrag zurücknimmt. Einen weiteren Aufhebungsgrund enthält die Sondervorschrift des §. 161 Abs. 3. Die Zwangsverwaltung wird ferner beendigt mit der Veräußerung des Grundstücks im Wege der Zwangsversteigerung; jedoch ist sie in diesem Falle erst dann aufzuheben, wenn sämmtliche vor dem Zuschlage gezogene Nutzungen verwerthet und vertheilt worden sind. Sind an der Vertheilung dieselben Personen betheiligt wie bei dem Versteigerungserlöse, so kann das Gericht nach seinem Ermessen die beiden Vertheilungen derart mit einander verbinden, daß in dem einen Verfahren auf das andere Rücksicht genommen wird.

Die Beendigung der Zwangsverwaltung tritt niemals von selbst ein, sondern setzt in allen Fällen einen Beschluß des Vollstreckungsgerichts voraus (§. 161 Abs. 1).

Zweiter Abschnitt.

Zwangsversteigerung von Schiffen im Wege der Zwangsvollstreckung.

Schiffe als Gegenstände des unbeweglichen Vermögens.

Der zweite Abschnitt des Entwurfs behandelt zunächst (§§ 162 bis 170) die im Wege der Zwangsvollstreckung erfolgende Zwangsversteigerung solcher Schiffe, die im Schiffsregister eingetragen sind. Es sind dies einerseits die Seeschiffe im Sinne des Artikels 432 des Handelsgesetzbuchs, andererseits die gemäß §§. 120 ff. des Gesetzes, betreffend die privatrechtlichen Verhältnisse der Binnenschiffahrt, vom 15. Juni 1895 (Reichs-Gesetzbl. S. 301) in das Schiffsregister eingetragenen Binnenschiffe. Die erhöhte wirthschaftliche Bedeutung, welche den bezeichneten Schiffen vermöge ihrer Größe und ihres Werthes zukommt, rechtfertigt es, sie in Bezug auf die Zwangsvollstreckung ebenso wie in Bezug auf ihre Verpfändung (§§. 1259 bis 1271 des Bürgerlichen Gesetzbuchs) im Allgemeinen den Grundstücken gleichzustellen und dabei nur diejenigen Sonderbestimmungen zu treffen, welche durch die natürliche Eigenschaft der Schiffe als bewegliche Gegenstände geboten sind (vergl. §§. 165, 168, 170). Die Anpassung des Verfahrens an die Vorschriften des ersten Abschnitts läßt sich um so leichter durchführen, als die erforderliche Grundlage hierfür in dem seiner Einrichtung nach dem Grundbuche nahe verwandten Schiffsregister vorhanden ist. Am Schlusse des zweiten Abschnitts wird sodann (§. 171) die im Wege der Zwangsvollstreckung erfolgende Zwangsversteigerung ausländischer Schiffe besonders geregelt.

Betheiligte.

Als Betheiligte kommen bei der Zwangsversteigerung eines Schiffes außer dem betreibenden Gläubiger und dem Schuldner in Betracht die Schiffsgläubiger (Artikel 757 des Handelsgesetzbuchs; §. 102 des Binnenschiffahrtsgesetzes) und diejenigen Personen, denen durch Rechtsgeschäft ein Pfandrecht am Schiffe bestellt ist. Pfandrechte der letzteren Art bedürfen zu ihrer Entstehung der Eintragung; sie ergeben sich demzufolge stets aus der dem Vollstreckungsgerichte mitzutheilenden beglaubigten Abschrift des Schiffsregisters und sind eben deshalb bei der Vertheilung des Versteigerungserlöses von Amtswegen zu berücksichtigen. Dagegen ist die Berücksichtigung der Rechte der Schiffsgläubiger regelmäßig durch eine Anmeldung bedingt, da ihr Entstehungsgrund außerhalb des Schiffsregisters liegt. Dieser Gesichtspunkt trifft auch beim Eigenthumserwerbe zu, welcher sich durch Uebergabe, unter Umständen (Artikel 439 des Handelsgesetzbuchs) sogar durch bloßen Vertrag vollzieht. Mit Rücksicht hierauf darf die Zulässigkeit der Anordnung der Zwangsversteigerung nicht davon abhängig gemacht werden, daß der Schuldner Eigenthümer des Schiffes (Rheder, Schiffseigner) ist, vielmehr soll, wie nach dem Preußischen Gesetze (§. 164 Nr. 1), der Nachweis des Eigenbesitzers (vergl. S. 104) genügen. Schiffsgläubiger können außerdem das Verfahren auch gegen denjenigen betreiben, welcher, ohne Eigenbesitzer zu sein, von ihnen nach den Vorschriften des Handelsrechts oder des bürgerlichen Rechtes auf Befriedigung aus dem Schiffsvermögen unmittelbar belangt werden kann. Es ist dies der Schiffer in den Fällen des Artikels 764 des Handelsgesetzbuchs und des §. 97 Abs. 2 des Binnenschiffahrtsgesetzes, ferner jeder dritte Besitzer des Schiffes (Artikel 758 Abs. 2 des Handelsgesetzbuchs, §. 103 Abs. 2 des Binnenschiffahrtsgesetzes) und der sogenannte Ausrüster, d. h. derjenige, welcher ein ihm nicht gehöriges Schiff für eigene Rechnung zur Schiffahrt verwendet, sei es, daß er es selbst führt oder durch einen Schiffer führen läßt (Artikel 477 Abs. 1 des Handelsgesetzbuchs, §. 2 Abs. 1 des Binnenschiffahrtsgesetzes). Der Schiffer ist jedoch in allen Fällen nur als solcher an dem Verfahren betheiligt. Aus diesem Grunde wirkt einerseits die gegen ihn eintretende Beschlagnahme des Schiffes zugleich auch gegenüber seinem Dienstherrn so, als wenn das Verfahren unmittelbar gegen den letzteren eingeleitet worden wäre, und dauert andererseits seine Betheiligung an dem Verfahren nur so lange, als sein Dienstverhältniß besteht. Scheidet er aus dem Dienste, so nimmt das Verfahren gegen den bisherigen Dienstherrn (Rheder, Schiffseigner, Ausrüster oder Eigenbesitzer) oder, sofern sich ein neuer Schiffer als solcher bei dem Vollstreckungsgericht ausweist (§. 166), gegen diesen seinen Fortgang.

Zahlungspflicht des Erstehers. Folgen der Nichtzahlung.

Abweichend von den Vorschriften des ersten Abschnitts findet bei der Zwangsvollstreckung in Schiffe die Festsetzung eines geringsten Gebots nicht statt, sondern wird, ebenso wie bei dem Zwangsverkaufe gepfändeter beweglicher Sachen, gegen baar veräußert, soweit nicht etwa nach den §§. 61, 62 Zahlungsfristen bewilligt sein sollten, und dem Meistbietenden der Zuschlag ohne Rücksicht auf die Höhe des Gebots ertheilt (§. 169 Abs. 1). Diese Regelung entspricht dem bestehenden Rechte; in keinem der Landesgesetze, die das geringste Gebot für die Zwangsversteigerung der zum unbeweglichen Vermögen gehörenden Gegenstände eingeführt haben, ist der Grundsatz auf die Schiffe ausgedehnt. Dagegen gelangen wiederum die Vorschriften des ersten Abschnitts zur Anwendung, wenn der Meistbietende den Betrag seines Gebots nicht im Vertheilungstermine baar erlegt. Es erfolgt alsdann keine Wiederversteigerung wie im Falle des §. 718 Abs. 3 der Civilprozeßordnung; vielmehr wird an Stelle des nicht gezahlten Betrags die gegen den Ersteher verbleibende Forderung unter die Schiffsgläubiger und sonstigen Berechtigten vertheilt und demnächst auf Ersuchen des Vollstreckungsgerichts für die Forderung ein Pfandrecht in das Schiffsregister eingetragen. Um den Berechtigten einen wirksamen Schutz gegen benachtheiligende Verfügungen des Erstehers zu gewähren, läßt der Entwurf im Anschluß an das Preußische Gesetz (§. 177 Abs. 2) die Eintragung auch dann zu, wenn der Ersteher inzwischen das Schiff durch Uebergabe an einen gutgläubigen Dritten weiter veräußert hat, die Begründung eines gegen diesen wirksamen Pfandrechts wegen der unberichtigt gebliebenen Forderung also an sich ausgeschlossen sein würde. Hiervon abgesehen, steht das Pfandrecht in allen Beziehungen einem durch Rechtsgeschäft begründeten Pfandrecht an einem Schiffe gleich (§. 169).

Zwangsversteigerung ausländischer Schiffe.

Die Erwägungen, welche dahin führen, deutsche Schiffe, die im Schiffsregister eingetragen sind, den Vorschriften über die Zwangsvollstreckung in das unbewegliche Vermögen zu unterwerfen, treffen in gleicher Weise für solche ausländische Schiffe zu, die, wenn sie deutsche Schiffe wären, in das Schiffsregister eingetragen werden müßten. Im Anschluß an das in Preußen und den Hansastädten geltende Recht bestimmt deshalb der Entwurf (§. 171 Abs. 1), daß auf ausländische Schiffe der bezeichneten Art die Vorschriften der §§. 162 ff. in der Hauptsache gleichfalls Anwendung finden; nur kann selbstverständlich die Zwangsversteigerung und ihre Durchführung nicht von der Eintragung des Schiffes in ein ausländisches Schiffsregister oder von der Mitwirkung einer ausländischen Registerbehörde abhängig gemacht werden. Im Uebrigen nimmt der Entwurf (§. 171 Abs. 2) soweit möglich darauf Bedacht, den Pfandgläubigern und sonstigen Betheiligten Gelegenheit zur Wahrnehmung ihrer Rechte zu geben. Denn die Nichtberücksichtigung solcher Rechte setzt den Ersteher des Schiffes von vornherein der Gefahr aus, daß die im Inland erfolgte Zwangsversteigerung im Auslande keine Anerkennung findet. Einer besonderen Vorschrift bedarf es schließlich im Hinblick auf den Fall, daß der Ersteher sein Gebot nicht im Vertheilungstermine baar berichtigt. Die Begründung eines Pfandrechts (§. 169 Abs. 2) ist hier ausgeschlossen, da das Fahrzeug in einem deutschen Schiffsregister nicht eingetragen ist. Zur Sicherung der Betheiligten bestimmt daher der §. 171 Abs. 3, daß die Aufhebung der Ueberwachung und Verwahrung des ausländischen Schiffes sowie die Uebergabe an den Ersteher erst erfolgen darf, wenn die Berichtigung des Meistgebots oder die Einwilligung der Betheiligten nachgewiesen wird.

Schiffsparten.

Eine Besonderheit bietet der Fall, daß ein Schiff mehreren Personen gehört und nur der Antheil eines Miteigenthümers, eine sogenannte Schiffspart, zwangsweise versteigert werden soll. Wie die Erfahrung zeigt, kommen solche Schiffsparten bei einem und demselben Schiffe oft in sehr großer Zahl vor; sie werden im Verkehre, gleich den Aktien und Kuxen, als bewegliche Vermögenswerthe behandelt, gehen leicht von Hand zu Hand und stellen in Folge ihrer Kleinheit häufig nur einen sehr geringen Werth dar. Um dementsprechend auch das Zwangsversteigerungsverfahren bei ihnen möglichst zu vereinfachen und eine Ueberlastung des Schiffsregisters mit zahlreichen, die Uebersichtlichkeit beeinträchtigenden Eintragungen zu verhindern, schließt der Entwurf nach dem Vorgange der in dem größten Theile Deutschlands geltenden Rechte die Schiffsparten von dem sonst für Schiffe geltenden Versteigerungsverfahren aus und weist sie in Ansehung der Zwangsvollstreckung den Gegenständen des beweglichen Vermögens zu. Soweit Sondervorschriften für sie erforderlich sind, werden diese durch eine in die Civilprozeßordnung neu einzustellende Bestimmung (Anlage I §. 754 a) zu treffen sein.

Dritter Abschnitt.

Zwangsversteigerung und Zwangsverwaltung in besonderen Fällen.

Allgemeine Uebersicht.

Der letzte Abschnitt des Entwurfs betrifft solche Fälle, in denen reichsgesetzlich die Versteigerung oder die Verwaltung eines Vermögensgegenstandes im Wege des rechtlichen Zwanges zugelassen wird, ohne daß eine Zwangsvollstreckung in diesen Gegenstand in Frage steht. Nach §. 116 der Konkursordnung kann der Konkursverwalter, um die zur Masse gehörigen unbeweglichen Gegenstände in Geld umzusetzen, deren Zwangsverwaltung und Zwangsversteigerung betreiben. Im Anschluß an die darauf sich beziehenden Vorschriften der §§. 172 bis 174 regelt sodann der Entwurf in den §§. 175 bis 179 den wesentlich gleichartigen Fall, daß ein für die Nachlaßverbindlichkeiten nur beschränkt haftender Erbe die Zwangsversteigerung eines zum Nachlasse gehörenden Grundstücks beantragt. Die §§. 180 bis 184 endlich dienen zur Ausführung der Vorschrift des §. 753 des Bürgerlichen Gesetzbuchs, derzufolge bei einer bestehenden Gemeinschaft jeder Theilhaber verlangen kann, daß die Aufhebung der Gemeinschaft bei Grundstücken durch Zwangsversteigerung und durch Theilung des Erlöses erfolgt. In den bezeichneten drei Fällen kommen grundsätzlich die Vorschriften der beiden ersten Abschnitte des Entwurfs zur Anwendung und zwar auch dann, wenn es sich nicht um ein Grundstück, sondern um ein Erbbaurecht oder eine sonstige Berechtigung, die ein Blatt im Grundbuch erhalten kann, oder um ein im Schiffsregister eingetragenes Schiff handelt. Die Besonderheit des Zweckes, welchem in den bezeichneten Fällen die Anwendung des rechtlichen Zwanges dient, macht Abweichungen in der Gestaltung des Verfahrens nur in wenigen Punkten erforderlich.

Verfahren auf Antrag des Konkursverwalters. Beschlagnahme.

Wird der Antrag auf Zwangsversteigerung oder Zwangsverwaltung von dem Konkursverwalter gestellt, so vereinigt dieser in seiner Person die Stellung eines betreibenden Gläubigers und des Schuldners. Dem Schuldner ist bereits durch die Konkurseröffnung allgemein die Verfügung über sein Vermögen entzogen. Gegenüber der Tragweite dieser konkursrechtlichen Beschlagnahme bleibt für die in Folge der Anordnung der Zwangsversteigerung oder Zwangsverwaltung eintretende Beschlagnahme nur ein geringes Anwendungsgebiet. Die letztere behält praktische Bedeutung zunächst für die Bestimmung des Zeitpunkts, von welchem ab bei wiederkehrenden Leistungen die laufenden Beträge ihren Anfang nehmen und die Rückstände zurückgerechnet werden (§. 13). Dasselbe gilt hinsichtlich der Entscheidung der Frage, in welchem Umfange neben dem eigentlichen Gegenstande des Verfahrens noch weitere Gegenstände als nach den Versteigerungsbedingungen (§. 55) zur Mitversteigerung gestellt anzusehen sind und demzufolge von dem Ersteher durch den Zuschlag erworben werden. Es sind dies alle Gegenstände, auf die sich die Beschlagnahme erstreckt haben würde, wenn das Verfahren auf Antrag eines Gläubigers angeordnet worden wäre, mit Ausnahme derjenigen, welche der Konkursverwalter in der Zwischenzeit bis zum Versteigerungstermine kraft seiner gesetzlichen Befugnisse anderweit veräußert hat. Nach beiden Richtungen soll die Zustellung des das Verfahren anordnenden Beschlusses an den Konkursverwalter wie eine Beschlagnahme wirken (§. 173).

Persönliche Haftung des Schuldners. Geringstes Gebot.

Einer besonderen Berücksichtigung bedarf der Fall, daß der Gemeinschuldner für einen Anspruch, der dem Gläubiger ein Recht auf Befriedigung aus dem Grundstücke gewährt, persönlich haftet. Nach §. 57 der Konkursordnung kann der Berechtigte in diesem Falle aus der Konkursmasse Befriedigung nur für den Betrag verlangen, zu welchem er auf abgesonderte Befriedigung aus dem Grundstücke verzichtet oder mit welchem er bei dieser Befriedigung ausgefallen ist. Er hat daher, wenn er seinen persönlichen Anspruch im Konkurse verfolgen will, ein erhebliches Interesse daran, daß der Ausfall möglichst bald und ohne Weiterungen festgestellt wird. Diesem Bedürfnisse trägt der Entwurf (§. 174) in Anlehnung an die Gesetze von Preußen (§. 183) und von Sachsen (§. 179 Abs. 2, 3) dadurch Rechnung, daß er dem Berechtigten die Befugniß giebt, bis zum Schlusse der Verhandlung im Versteigerungstermine zu verlangen, daß bei der Feststellung des geringsten Gebots nur die seinem Anspruche vorgehenden Rechte berücksichtigt, folglich auch solche Gebote zugelassen werden, die sein Recht nicht decken; in einem solchen Falle ist das Grundstück auch mit der verlangten Abweichung auszubieten. Als Voraussetzung gilt dabei, daß der Konkursverwalter das betreffende Recht ausdrücklich oder stillschweigend anerkennt; eine stillschweigende Anerkennung kann unter Umständen schon darin liegen, daß er das Bestreiten des Rechtes unterläßt. Soweit der §. 174 nicht Platz greift, bringt es die entsprechende Anwendung der Vorschriften über das geringste Gebot mit sich, daß durch das abzugebende Mindestgebot sämmtliche an dem Grundstücke bestehenden Rechte gedeckt sein müssen.

Verfahren auf Antrag des Erben.

Wesentlich gleichartig dem Falle der auf Antrag des Konkursverwalters stattfindenden Zwangsversteigerung ist der in den §§. 175 bis 179 geregelte Fall, daß ein Erbe die Zwangsversteigerung eines zum Nachlasse gehörenden Grundstücks betreibt.

Antragsberechtigung.

Soweit die auf einem Nachlasse ruhenden Verbindlichkeiten rein persönlicher Natur sind, gewährt dem Erben das durch die §§. 1970 bis 1974 des Bürgerlichen Gesetzbuchs zugelassene Aufgebot der Nachlaßgläubiger die Möglichkeit, sich über die Höhe des Schuldenbestandes zuverlässige Kenntniß zu verschaffen und dadurch eine Grundlage für die Entschließung zu gewinnen, ob er seine beschränkte Haftung geltend machen wolle (vergl. die Denkschrift zum Entwurf eines Bürgerlichen Gesetzbuchs, Nr. 87 der Reichstags-Drucksachen 1895/97 S. 255 bis 257). Dieses Mittel versagt indessen gegenüber denjenigen Nachlaßgläubigern, welche wegen ihres Anspruchs zugleich ein Recht an einem zum Nachlasse gehörenden Grundstücke oder ein sonstiges Recht auf Befriedigung aus dem Grundstücke haben, da bei dem Vorhandensein solcher Rechte der Erbe das Maß seiner persönlichen Haftung für die Nachlaßverbindlichkeiten erst dann genau zu bestimmen vermag, wenn feststeht, ob und in welcher Höhe der Gläubiger aus dem Grundstücke Befriedigung erhält. Um dem Erben eine solche Feststellung zu ermöglichen, giebt der Entwurf ihm im Anschluß an den im Geltungsbereiche des Preußischen Allgemeinen Landrechts bestehenden Rechtszustand die Befugniß, auf die Zwangsversteigerung des Grundstücks anzutragen. Nur dann bedarf der Erbe dieses Rechtsbehelfs nicht, wenn der Nachlaßgläubiger, welchem ein Recht auf Befriedigung aus dem Grundstücke zusteht, mit seinem persönlichen Anspruch im Aufgebotsverfahren ausgeschlossen ist oder nach den §§. 1974, 1989 des Bürgerlichen Gesetzbuchs einem ausgeschlossenen Gläubiger gleichsteht. Mit Rücksicht darauf, daß die Zwangsversteigerung im Falle des §. 175 dem gleichen Zwecke dient wie das Aufgebot der Nachlaßgläubiger, erscheint es gerechtfertigt, die Zulässigkeit des Versteigerungsantrages im Uebrigen an dieselben Voraussetzungen zu knüpfen, welche für die Stellung des Aufgebotsantrags gelten. Es wird daher auch hier erfordert, daß der Erbe die Erbschaft angenommen hat, daß er für die Nachlaßverbindlichkeiten nicht unbeschränkt haftet, und daß über den Nachlaß nicht der Konkurs eröffnet ist. Ebenso entscheidet sich die Frage, unter welchen Voraussetzungen außer dem Erben noch andere Personen antragsberechtigt sind, nach den für die Revision der Civilprozeßordnung in Aussicht genommenen Vorschriften über das Aufgebot der Nachlaßgläubiger (vergl. §§. 836 gg, 836 oo, 836 pp der Civilprozeßordnung in der Anlage II der Denkschrift zum Entwurf eines Bürgerlichen Gesetzbuchs, Nr. 87 der Reichstags-Drucksachen 1895/97). Im Uebrigen gleicht die Stellung, welche der Antragsteller in dem Verfahren einnimmt, insofern derjenigen des Konkursverwalters, als auch er die Gläubiger- und die Schuldnerrolle in einer Person vereinigt.

Geringstes Gebot.

Die Zwangsversteigerung bezweckt, die Zulänglichkeit des Grundstücks zur Deckung eines Anspruchs festzustellen, für den ein Nachlaßgläubiger ein Recht auf Befriedigung aus dem Grundstück hat. Soll dieser Zweck erreicht werden, so muß der Anspruch bei der Feststellung des geringsten Gebots außer Betracht gelassen werden. Er fällt alsdann entweder aus oder wird, sofern ein das geringste Gebot übersteigendes Meistgebot erzielt wird, aus dem Baargebote durch Zahlung berichtigt. Der Entwurf räumt deshalb hier ebenso wie bei der von dem Konkursverwalter betriebenen Zwangsversteigerung jedem Gläubiger die Befugniß ein, zu verlangen, daß sein Anspruch von der Einbeziehung in das geringste Gebot ausgeschlossen bleibt. Erfolgt diese Ausschließung nicht, so kann der Erbe die Befriedigung des Gläubigers aus dem übrigen Nachlasse verweigern und demgemäß den Anspruch bei der Berechnung des Schuldenbestandes außer Betracht lassen (§. 179).

Einfluß der Konkurseröffnung.

Wird, während das Zwangsversteigerungsverfahren noch anhängig ist, der Nachlaßkonkurs eröffnet, so würde an sich das Verfahren aufzuheben sein, da sein Zweck hinfällig geworden ist. Erfahrungsgemäß vollzieht sich indessen auch im Konkurse die Verwerthung der zur Masse gehörenden unbeweglichen Gegenstände meistens in der Form der Zwangsversteigerung. Die Nothwendigkeit, ein neues Verfahren zu beantragen, würde daher den Betheiligten unnütze Kosten und Weiterungen verursachen. Mit Rücksicht hierauf bestimmt der Entwurf (§. 178 Abs. 2), daß durch die Konkurseröffnung der Fortgang des Verfahrens nicht gehemmt wird, die Rolle des Antragstellers jedoch auf den Konkursverwalter übergeht. Dieser ist hiernach inbesondere berechtigt, die Aufhebung oder einstweilige Einstellung des Verfahrens, sofern sie noch zulässig ist, herbeizuführen.

Zwangsversteigerung zum Zweck der Aufhebung einer Gemeinschaft. Voraussetzungen.

Der letzte im dritten Abschnitte geregelte Fall betrifft die Zwangsversteigerung zum Zwecke der Aufhebung einer Gemeinschaft. Nach den meisten Landesgesetzen ist in diesem Falle zur Einleitung des Verfahrens, ebenso wie bei der Zwangsvollstreckung, die Beibringung eines vollstreckbaren Titels erforderlich, welcher die Verpflichtung der anderen Miteigenthümer, sich die Theilung im Wege der Zwangsversteigerung gefallen zu lassen, feststellt. Der Entwurf (§. 176 Abs. 1) verneint mit dem Preußischen Gesetze (§. 180 Abs. 3) das Bedürfniß einer solchen Regelung, da die Frage, ob die Theilung zulässig ist, nur selten zwischen den Betheiligten streitig sein wird, die Nöthigung zur vorgängigen Beschreitung des Prozeßwegs also in den weitaus meisten Fällen auf eine überflüssige und für die Betheiligten kostspielige Formvorschrift hinauslaufen würde. Es kann vielmehr dem Theilhaber, der die Unzulässigkeit der Theilung behauptet, unbedenklich überlassen bleiben, seinerseits gegen den Antragsteller auf Grund des §. 690 der Civilprozeßordnung Klage zu erheben. Ergiebt sich übrigens die Thatsache, daß die Theilung ausgeschlossen ist, aus dem Grundbuche, so hat das Vollstreckungsgericht das Verfahren von Amtswegen aufzuheben (§. 28).

Geringstes Gebot.

Der Umstand, daß eine Zwangsversteigerung theilungshalber erfolgt, steht der Anwendung der Vorschriften über das geringste Gebot nicht entgegen; das Gesetz muß jedoch klarstellen, welche Rechte als dem Auseinandersetzungsanspruche des Antragstellers vorgehend anzusehen und demgemäß durch das geringste Gebot zu decken sind. Es sind dies zunächst die Rechte, die den Antheil des Antragstellers oder einen diesen Antheil mitumfassenden Theil des Grundstücks oder das ganze Grundstück belasten. Sie müssen bestehen bleiben, weil jeder Miteigenthümer seinen Antheil nur unbeschadet der darauf haftenden Rechte veräußern kann. Weiter gehören aber auch diejenigen Rechte hierher, welche zwar nur den Antheil eines anderen Miteigenthümers belasten, aber einem Rechte an dem Antheil des Antragstellers im Range gleichstehen oder vorgehen. Die Nothwendigkeit ihrer Berücksichtigung bei der Feststellung des geringsten Gebots ergiebt sich daraus, daß ihre Deckung eine unerläßliche Vorbedingung für die Deckung jenes anderen Rechtes bildet. Sonstige ausschließlich einen fremden Antheil belastende Rechte hingegen bleiben unberücksichtigt, da das Recht eines jeden Miteigenthümers auf Aufhebung der Gemeinschaft zugleich mit der Begründung des Miteigenthums entsteht (vergl. §. 749 Abs. 1 des Bürgerlichen Gesetzbuchs), somit durch die spätere Belastung eines einzelnen Antheils nicht beeinträchtigt werden darf.

Bei der Feststellung des geringsten Gebots kommt endlich noch in Betracht, daß auf jeden Miteigenthumsantheil ein seiner Größe entsprechender Bruchtheil des Versteigerungserlöses zu fallen hat. Wenn daher die Rechte, welche bei der Feststellung des geringsten Gebots zu berücksichtigen sind, die Antheile ungleichmäßig belasten, so muß für eine Ausgleichung gesorgt werden. Dies geschieht dadurch, daß dem geringsten Gebote die Beträge hinzuzurechnen sind, um welche die Belastungen des am stärksten belasteten Antheils die Belastungen eines jeden der übrigen Antheile verhältnißmäßig übersteigen (§. 182 Abs. 2). Für diese Beträge gilt die gesetzliche Versteigerungsbedingung der Baarzahlung (vergl. §§. 49, 180).

Geringstes Gebot bei Schiffen.

Die Feststellung eines geringsten Gebots muß auch bei der Schiffsversteigerung erfolgen, wenn diese die Aufhebung einer Gemeinschaft bezweckt. Hierin liegt allerdings eine Abweichung von der Vorschrift des §. 169 Abs. 1. Aber die Abweichung ist durch die Rücksicht auf die Schiffsgläubiger und sonstigen Pfandberechtigten, denen das ganze Schiff haftet, geboten, da weder die einen noch die anderen der Gefahr ausgesetzt werden dürfen, durch das Vorgehen eines Miteigenthümers, dessen Antheil am Schiffe vielleicht einen ganz geringfügigen Bruchtheil darstellt, einen Ausfall an ihren Rechten zu erleiden. Der §. 182 Abs. 3 enthält die betreffende Vorschrift; aus ihrer Stellung am Schlusse des §. 182 ergiebt sich von selbst, daß zu den bei der Schiffsversteigerung behufs Aufhebung einer Gemeinschaft zu beobachtenden Bestimmungen über das geringste Gebot auch diejenigen des §. 182 Abs. 1, 2 gehören.

Einführungsgesetz.

Uebersicht. Verhältniß zu dem bisherigen Rechte.

Der Entwurf eines Einführungsgesetzes zu dem Gesetz über die Zwangsversteigerung und die Zwangsverwaltung enthält, abgesehen von Uebergangsvorschriften (§§. 8, 9, 16) und von der Bestimmung des Zeitpunkts, mit welchem das Gesetz in Kraft treten soll (§. 1 Abs. 1), eine Reihe von Vorbehalten, durch welche die Landesgesetzgebung ermächtigt wird, das Gesetz nach gewissen Richtungen hin zu ergänzen oder abzuändern (§. 4 Abs. 1; §§. 5, 6, 11 4is 13, vergl. auch §. 14). Außerdem regelt er das Verhältniß der neuen Vorschriften zu dem bisherigen Rechte. In letzterer Beziehung gilt der Satz, daß die landesgesetzlichen Vorschriften über die Zwangsversteigerung und Zwangsverwaltung von Gegenständen des unbeweglichen Vermögens insoweit außer Kraft treten, als sie nicht besonders aufrechterhalten werden, wogegen umgekehrt die Vorschriften der Reichsgesetze in Kraft bleiben, sofern nicht ihre Aufhebung sich aus dem neuen Gesetz ergiebt. Auf dem ihr vorbehaltenen Rechtsgebiete kann die Landesgesetzgebung, sofern nicht ausdrücklich bestimmt ist, daß nur die bestehenden landesgesetzlichen Vorschriften unberührt bleiben (vergl. §. 6), auch neue Vorschriften erlassen (§. 1 Abs. 2). Diese Regelung entspricht den Grundsätzen, welche wiederholt bei dem Erlasse neuer, die Rechtsentwickelung auf einem bestimmten Gebiete zum Abschlusse bringender Reichsgesetze befolgt worden sind und auch bei der Einführung des Bürgerlichen Gesetzbuchs zur Anwendung kommen werden (vergl. die Einführungsgesetze zur Strafprozeßordnung §§. 5, 6, zur Civilprozeßordnung §§. 13, 14, zur Konkursordnung §§. 3, 4, Einführungsgesetz zum Bürgerlichen Gesetzbuche Artikel 32, 55).

Vorbehalte für die Landesgesetzgebung.

Von den Vorbehalten zu Gunsten der Landesgesetzgebung kommt als ein praktisch wichtiger zunächst in Betracht der des §. 2 Abs. 1. Nach ihm bleiben in Geltung alle landesgesetzlichen Vorschriften über die Zwangsversteigerung und die Zwangsverwaltung solcher Gegenstände des unbeweglichen Vermögens, bezüglich deren das Einführungsgesetz zum Bürgerlichen Gesetzbuche die privatrechtlichen Vorschriften der Landesgesetze aufrecht erhält (Artikel 57 bis 59, 67). Die Landesgesetzgebung ist hiernach in der Lage, unter Anderem die Zwangsvollstreckung in Bergwerke, in Familienfideikommisse, Lehen und Stammgüter sowie in Güter, die zum Familienvermögen des hohen Adels gehören, abweichend von dem reichsgesetzlichen Verfahren zu regeln, und zwar auch dann, wenn bisher in dieser Beziehung ein Sonderrecht für die bezeichneten Grundstücke nicht bestand, die Zwangsvollstreckung in sie vielmehr sich nach den allgemeinen Vorschriften richtete. Macht die Landesgesetzgebung von dem Vorbehalte keinen Gebrauch und sind die Grundstücke nach bisherigem Rechte in Ansehung der Zwangsvollstreckung den gleichen Vorschriften wie andere Grundstücke unterworfen, so bleibt dieses Verhältniß auch nach dem Inkrafttreten des Reichsgesetzes unverändert bestehen; es kommt daher bei jenen Grundstücken an Stelle des bisherigen Landesrechts nunmehr das neue Reichsrecht zur Anwendung. Die Geltung des letzteren kann jedoch hier, da sie lediglich auf einer landesrechtlichen Norm beruht, jederzeit dadurch beseitigt werden, daß die Landesgesetzgebung für die in Rede stehenden Grundstücke Sondervorschriften erläßt. Dies ergiebt sich aus §. 1 Abs. 2 des Entwurfs in Verbindung mit den Artikeln 2 bis 4 des Einführungsgesetzes zum Bürgerlichen Gesetzbuche.

Wenn zufolge des §. 7 die bestehenden landesgesetzlichen Vorschriften unberührt bleiben, nach welchen noch andere als die in den §§. 39, 40 des Gesetzes über die Zwangsversteigerung und die Zwangsverwaltung bezeichneten Veröffentlichungen in der Terminsbestimmung zu erfolgen haben, so umfaßt dieser Vorbehalt sowohl die Gesetze, welche lediglich eine dahin gehende Ordnungsvorschrift enthalten, als auch diejenigen, welche die Gültigkeit des Verfahrens von der Beobachtung der Vorschrift abhängig machen.

Zuständigkeit des Vollstreckungsgerichts.

Einen weiteren Vorbehalt von Bedeutung enthält der §. 13. Danach kann die Landesgesetzgebung auch in das ihrer Zuständigkeit sonst entzogene ordentliche Verfahren eingreifen und die reichsgesetzlich dem Vollstreckungsgerichte zugewiesene Thätigkeit bei der Zwangsversteigerung und Zwangsverwaltung einer anderen Behörde oder einem Beamten, mit Einschluß der Notare, übertragen. Ausgenommen sind nur die Entscheidungen, welche die Anordnung oder Aufhebung des Verfahrens, die Zulassung des Beitritts eines Gläubigers oder die Frage betreffen, ob mehrere Grundstücke, Berechtigungen oder Schiffe in einem einheitlichen Verfahren unter Zwangsverwaltung zu stellen oder zu versteigern sind; sie müssen wegen ihrer Tragweite dem Gerichte verbleiben. Im Uebrigen kann die Mitwirkung des letzteren auch nur theilweise ausgeschlossen, z. B. bei der Vertheilung des Versteigerungserlöses auf den Fall beschränkt werden, daß der Erlös zur Befriedigung aller Berechtigten nicht ausreicht und diese sich über die Vertheilung nicht einigen können (vergl. Coburg-Gothaisches Gesetz vom 7. April 1879 §. 27). Soweit an die Stelle des Gerichts andere Behörden oder besondere Beamte treten, bilden sie eine Vorinstanz, gegen deren Entscheidungen von den Betheiligten unbeschränkt die gerichtliche Entscheidung angerufen werden darf. Die Anrufung ist zwar, wie die sofortige Beschwerde, nur binnen einer zweiwöchigen Frist zulässig, gilt aber in allen sonstigen Beziehungen nicht als Beschwerde im Sinne der Civilprozeßordnung. Es steht daher den Betheiligten gegen die Entscheidung des Gerichts derselbe Rechtsmittelzug offen, wie wenn dieses mit der Sache in erster Instanz befaßt gewesen wäre.

Uebergangsvorschriften.

Von den Uebergangsbestimmungen ist die praktisch wichtigste die des §. 9. Nach Artikel 187 des Einführungsgesetzes zum Bürgerlichen Gesetzbuche bedürfen, soweit nicht durch Landesgesetz ein Anderes bestimmt wird, Grunddienstbarkeiten, die zu der Zeit bestehen, zu welcher das Grundbuch als angelegt anzusehen ist, zur Erhaltung der Wirksamkeit gegen Dritte nicht der Ein tragung. In gleicher Weise können nach Artikel 188 des erwähnten Einführungsgesetzes im Wege landesherrlicher Verordnung gesetzliche Pfandrechte sowie dingliche Mieth- und Pachtrechte, sofern sie zu der bezeichneten Zeit bestehen, von dem Eintragungszwange befreit werden, Pfandrechte jedoch nur auf eine beschränkte Dauer. Zur Schonung aller dieser Arten von Rechten soll nach §. 9 die Landesgesetzgebung bestimmen dürfen, daß sie durch die Zwangsversteigerung des Grundstücks, an dem sie bestehen, nicht berührt werden, d. h. ebenso wie nach §. 52 Abs. 2 des Entwurfs eines Gesetzes über die Zwangsversteigerung und die Zwangsverwaltung das Recht auf die Rente aus einem Ueberbau oder aus der Gewährung eines Nothwegs auch dann durch den Zuschlag nicht erlöschen, wenn ihre Anmeldung im Zwangsversteigerungsverfahren unterblieben ist. Auf Hypotheken, insbesondere also auf die gesetzlichen Pfandrechte des bisherigen Rechtes, erstreckt sich diese Vergünstigung nicht, da sie in solcher Ausdehnung den Realkredit gefährden würde. Auch im Uebrigen ist sie insofern eingeschränkt, als jeder gleich oder besser Berechtigte, der durch das Bestehenbleiben eines Rechtes der gedachten Art benachtheiligt werden würde, verlangen darf, daß das Grundstück bei der Versteigerung frei von dem Rechte ausgeboten wird.

Anmeldungszwang.

Gewissermaßen in entgegengesetzter Richtung liegt die dem Preußischen Gesetze (§. 201) nachgebildete Uebergangsvorschrift des §. 8. Sie gestattet der Landesgesetzgebung, Hypotheken des bisherigen Rechtes auch dann, wenn sie sich aus dem Grundbuch ergeben, mithin bei der Feststellung des geringsten Gebots und der Vertheilung des Versteigerungserlöses von Amtswegen berücksichtigt werden müßten, dem für nicht eingetragene Rechte geltenden Anmeldungszwange (§. 37 Nr. 4 des Gesetzentwurfs über die Zwangsversteigerung und die Zwangsverwaltung) zu unterwerfen. Veranlaßt ist die Vorschrift durch den Umstand, daß die Hypotheken des bisherigen Rechtes in manchen Gebieten die Natur reiner Pfandrechte haben und demzufolge mit der Befriedigung des Gläubigers von selbst erlöschen, gleichwohl aber vielfach im Grundbuch ungelöscht bleiben. Die Einführung des Anmeldungszwanges soll hiernach verhüten, das das geringste Gebot in Folge der Berücksichtigung solcher nicht mehr bestehender Hypotheken zum Nachtheile des betreibenden Gläubigers zu hoch bemessen wird und die andern Betheiligten bei der Vertheilung des Versteigerungserlöses Schaden erleiden.

Anlage I.

Zusammenstellung

der

aus Anlaß des Gesetzes über die Zwangsversteigerung und die Zwangsverwaltung vorläufig in Aussicht genommenen

Aenderungen

der

Civilprozeßordnung und der Konkursordnung.*)

I. Aenderungen der Civilprozeßordnung.

§. 238a (26; 54).

Betrifft der Rechtsstreit einen Anspruch aus einer eingetragenen Reallast, Hypothek, Grundschuld oder Rentenschuld, so ist die Entscheidung im Falle einer Veräußerung des belasteten Grundstücks in Ansehung des Grundstücks gegen den Rechtsnachfolger auch dann wirksam und vollstreckbar, wenn dieser die Rechtshängigkeit nicht gekannt hat.

Gegen den Ersteher eines im Wege der Zwangsversteigerung veräußerten Grundstücks ist die Entscheidung nur dann wirksam und vollstreckbar, wenn die Rechtshängigkeit spätestens im Versteigerungs-

---

*) Die den einzelnen Paragraphenzahlen in Klammern beigefügten Zahlen weisen auf die in Betracht kommenden Paragraphen des Entwurfs eines Gesetzes über die Zwangsversteigerung und die Zwangsverwaltung hin.

Die in der Zusammenstellung wiedergegebene Fassung des §. 293d der Civilprozeßordnung und des §. 10a der Konkursordnung ist, abgesehen von den erkennbar gemachten Zusätzen, der Anlage II der Denkschrift zum Bürgerlichen Gesetzbuch Nr. 87 der Reichstagsdrucksachen 1895/97 entnommen.

termine vor der Aufforderung zur Abgabe von Geboten angemeldet worden ist.

§. 293d (26; 54).

Das rechtskräftige Urtheil wirkt für und gegen die Parteien und diejenigen Personen, welche nach dem Eintritte der Rechtshängigkeit Rechtsnachfolger der Parteien geworden sind oder den Besitz der in Streit befangenen Sache in solcher Weise erlangt haben, daß eine der Parteien oder ihr Rechtsnachfolger mittelbarer Besitzer geworden ist.

Die Vorschriften des bürgerlichen Rechtes zu Gunsten derjenigen, welche Rechte von einem Nichtberechtigten herleiten, finden entsprechende Anwendung. Betrifft jedoch das Urtheil einen Anspruch aus einer eingetragenen Reallast, Hypothek, Grundschuld oder Rentenschuld, so bestimmt sich die Wirksamkeit des Urtheils gegen einen Rechtsnachfolger nach den Vorschriften des §. 238a.

§. 714 (10; 20).

Früchte, die von dem Boden noch nicht getrennt sind, können gepfändet werden, so lange nicht ihre Beschlagnahme im Wege der Zwangsvollstreckung in das unbewegliche Vermögen erfolgt ist. Die Pfändung darf nicht früher als einen Monat vor der gewöhnlichen Zeit der Reife erfolgen.

Ein Gläubiger, der ein Recht auf Befriedigung aus dem Grundstücke hat, kann der Pfändung nach Maßgabe des §. 690 widersprechen.

§. 754a (152).

Auf die Zwangsvollstreckung in den Antheil an einem im Schiffsregister eingetragenen Schiffe (Schiffspart) finden die Bestimmungen des §. 754 mit folgenden Abweichungen Anwendung.

Als Vollstreckungsgericht ist das Amtsgericht zuständig, in dessen Bezirk sich der Heimathshafen oder Heimathsort des Schiffes befindet.

Dem Antrag auf Anordnung der Veräußerung der Part ist ein Auszug aus dem Schiffsregister beizufügen, der alle die Part betreffenden Eintragungen enthält; der Auszug darf nicht älter als eine Woche sein.

Der Pfändungsbeschluß soll dem Korrespondentrheder zugestellt werden; die Pfändung wird auch mit dieser Zustellung wirksam.

Ergiebt der Auszug aus dem Schiffsregister, daß die Part mit einem Pfandrechte belastet ist, welches einem anderen als dem betreibenden Gläubiger zusteht, so ist die Hinterlegung des Erlöses anzuordnen. Die Vertheilung des Erlöses erfolgt in diesem Falle nach den Bestimmungen der §§. 759 bis 768; Forderungen, für die ein Pfandrecht an der Part eingetragen ist, sind nach dem Inhalte des Schiffsregisters in den Theilungsplan aufzunehmen.

§. 755 (1; 15).

Fällt weg.

§. 756 (2; 18).

Fällt weg.

§. 757.

Der Zwangsvollstreckung in das unbewegliche Vermögen unterliegen, außer den Grundstücken, die Berechtigungen, welche ein Blatt im Grundbuch erhalten können, und die im Schiffsregister eingetragenen Schiffe.

Die Zwangsvollstreckung in den Bruchtheil eines Grundstücks oder einer Berechtigung ist nur zulässig, wenn der Bruchtheil in dem Antheil eines Miteigenthümers besteht oder wenn sich der Anspruch des Gläubigers auf ein Recht gründet, mit welchem der Bruchtheil als solcher belastet ist.

§. 757a.

Die Zwangsvollstreckung in das unbewegliche Vermögen umfaßt auch die Gegenstände, auf welche sich bei Grundstücken und Berechtigungen die Hypothek, bei Schiffen das eingetragene Pfandrecht erstreckt.

Diese Gegenstände können, soweit sie Zubehör sind, nicht gepfändet werden. Im Uebrigen sind sie der Pfändung unterworfen, solange nicht ihre Beschlagnahme im Wege der Zwangsvollstreckung in das unbewegliche Vermögen erfolgt ist.

§. 757 b.

Die Zwangsvollstreckung in ein Grundstück erfolgt durch Eintragung einer Sicherungshypothek für die Forderung, durch Zwangsversteigerung und durch Zwangsverwaltung.

Der Gläubiger kann verlangen, daß eine dieser Maßregeln allein oder neben den übrigen ausgeführt werde.

§. 757 c.

Die Sicherungshypothek wird auf Antrag des Gläubigers in das Grundbuch eingetragen; die Eintragung ist auf dem vollstreckbaren Titel zu vermerken. Mit der Eintragung entsteht die Hypothek. Das Grundstück haftet auch für die dem Schuldner zur Last fallenden Kosten der Eintragung.

Sollen mehrere Grundstücke des Schuldners mit der Hypothek belastet werden, so ist der Betrag der Forderung auf die einzelnen Grundstücke zu vertheilen; die Größe der Theile bestimmt der Gläubiger.

§. 757 d.

Wird durch eine vollstreckbare Entscheidung die zu vollstreckende Entscheidung oder ihre vorläufige Vollstreckbarkeit aufgehoben oder die Zwangsvollstreckung für unzulässig erklärt oder deren Einstellung angeordnet, so erwirbt der Eigenthümer des Grundstücks die Hypothek.

Das Gleiche gilt, wenn durch eine gerichtliche Entscheidung die einstweilige Einstellung der Vollstreckung und zugleich die Aufhebung der erfolgten Vollstreckungsmaßregeln angeordnet wird oder wenn die zur Abwendung der Vollstreckung nachgelassene Sicherheitsleistung oder Hinterlegung erfolgt.

§. 757 e.

Die Zwangsversteigerung und die Zwangsverwaltung werden durch ein besonderes Gesetz geregelt.

§. 757 f.

Auf die Zwangsvollstreckung in eine Berechtigung, die ein Blatt im Grundbuch erhalten kann, finden die Vorschriften über die Zwangsvollstreckung in Grundstücke entsprechende Anwendung.

Die Zwangsvollstreckung in ein eingetragenes Schiff erfolgt nur durch Zwangsversteigerung.

§. 757 g.

Unberührt bleiben die landesgesetzlichen Vorschriften, nach welchen, wenn ein Anderer als der Eigenthümer einer Eisenbahn oder Kleinbahn den Betrieb der Bahnkraft eigenen Nutzungsrechts ausübt, das Nutzungsrecht und gewisse dem Betriebe gewidmete Gegenstände in Ansehung der Zwangsvollstreckung zum unbeweglichen Vermögen gehören und die Zwangsvollstreckung abweichend von den Vorschriften der Reichsgesetze geregelt ist.

§. 810 a.

Die Vorschriften des §. 810 gelten auch für die Vollziehung des Arrestes in ein Schiff, das im Schiffsregister eingetragen ist.

Ist zur Zeit der Arrestvollziehung die Zwangsversteigerung des Schiffes eingeleitet, so gilt die in diesem Verfahren erfolgte Beschlagnahme des Schiffes als erste Pfändung im Sinne des §. 727; die Abschrift des Pfändungsprotokolls ist dem Vollstreckungsgericht einzureichen.

Das Arrestpfandrecht wird auf Antrag des Gläubigers in das Schiffsregister eingetragen; der nach §. 803 festgestellte Geldbetrag ist als der Höchstbetrag zu bezeichnen, für welchen das Schiff haftet. Im Uebrigen finden die Vorschriften des Bürgerlichen Gesetzbuchs über das durch Rechtsgeschäft bestellte Pfandrecht an einem Schiffe Anwendung.

§. 811.

Die Vollziehung des Arrestes in ein Grundstück oder in eine Berechtigung, die ein Blatt im Grundbuch erhalten kann, erfolgt durch Eintragung einer Sicherungshypothek für die Forderung; der nach §. 803 festgestellte Geldbetrag ist als der Höchstbetrag zu bezeichnen, für welchen das Grundstück oder die Berechtigung haftet.

Im Uebrigen finden die Vorschriften der §§. 757c, 757d Anwendung.

Der Antrag auf Eintragung der Hypothek gilt im Sinne des §. 809 Abs. 2, 3 als Vollziehung des Arrestbefehls.

II. Aenderungen der Konkursordnung.

§. 10a (20).*)

Ein gegen den Gemeinschuldner bestehendes Veräußerungsverbot der in den §§. 135, 136 des Bürgerlichen Gesetzbuchs bezeichneten Art ist den Konkursgläubigern gegenüber unwirksam; wirksam bleibt jedoch eine bei der Zwangsvollstreckung in das unbewegliche Vermögen erfolgte Beschlagnahme.

§. 39 (9).

Zur abgesonderten Befriedigung dienen die Gegenstände, welche der Zwangsvollstreckung in das unbewegliche Vermögen unterliegen, für diejenigen, welchen ein Recht auf Befriedigung aus den Gegenständen zusteht.

---

*) Bei der Revision der Civilprozeßordnung und der Konkursordnung wird zu bestimmen sein, daß gewisse Vorschriften, namentlich die Abänderungen der §§. 238a, 293d, 714 der Civilprozeßordnung und der §§. 10a, 39 der Konkursordnung, erst später als das Bürgerliche Gesetzbuch (mit der Anlegung des Grundbuchs) in Kraft treten.

Anlage II.

Vergleichende Zusammenstellung

der

Paragraphen des Entwurfs eines Gesetzes, betreffend die Zwangsvollstreckung in das unbewegliche Vermögen (1889) und der Paragraphen der vorliegenden Entwürfe.

Die Zahlen der ersten Spalte bezeichnen die Paragraphen des in der Ueberschrift an erster Stelle genannten Entwurfs, die Zahlen der zweiten Spalte die Paragraphen des Entwurfs eines Gesetzes über die Zwangsversteigerung und die Zwangsverwaltung und, wo den Zahlen die Buchstaben „E. G." vorhergehen, die Paragraphen des Entwurfs eines Einführungsgesetzes zu diesem Gesetze.

1.	Gestrichen.	22.	7.
2.	Gestrichen.	23.	6 Abs. 3.
3.	Gestrichen.	24 Abs. 1.	8.
4.	Gestrichen.	Abs. 2.	Gestrichen.
5.	Gestrichen.	25 Abs. 1.	15.
6.	1.	Abs. 2.	1 Abs. 2 Satz 2.
7.	2.	26.	17 Abs. 1, 3.
8.	9.	27.	Gestrichen.
9.	10.	28.	16 Abs. 1.
10 Abs. 1.	10 Abs. 1; 11.	29 Abs. 1 Nr. 1.	16 Abs. 2.
Abs. 2.	E. G. 4 Abs. 1.	Abs. 1 Nr. 2,	} 17 Abs. 2, 3.
11.	10 Abs. 1; 11 Abs. 1	Abs. 2.	
12.	10 Abs. 2.	Abs. 3.	E. G. 5.
13.	12.	30.	Gestrichen.
14.	13.	31 Abs. 1 Satz 1.	27 Abs. 1 Satz 1
15.	10 Abs. 1 Nr. 4.	Abs. 1 Satz 2	} Gestrichen.
16 Satz 1.	3.	Abs. 2.	
Satz 2.	Gestrichen.	Abs. 3.	27 Abs. 2.
17.	Gestrichen.	32.	18.
18.	4.	33.	19.
19.	5.	34.	28.
20.	6 Abs. 1, 2.	35 Satz 1.	20 Abs. 1.
21.	Gestrichen.	Satz 2.	Gestrichen.

36 Abs. 1.	20 Abs. 2.
Abs. 2, 3.	21.
37.	22.
38 Abs. 1.	24.
Abs. 2.	25.
39.	23.
40 Halbsatz 1.	23 Abs. 2 Halbsatz 2.
40 Halbsatz 2.	27. Abs. 2.
41.	26.
42.	Gestrichen.
43 Abs. 1.	45.
Abs. 2.	36 Abs. 1.
44.	37.
45 Abs. 1.	38.
45 Abs. 2.	E. G. 6.
46.	36 Abs. 2.
47.	36 Abs. 3.
48 Abs. 1 Nr. 1.	40 Abs. 1 Satz 1.
Abs. 1 Nr. 2.	39 Abs. 1.
Abs. 2.	40 Abs. 1 Satz 2.
Abs. 3.	39 Abs. 2.
49 Abs. 1.	Gestrichen.
Abs. 2.	40 Abs. 2.
Abs. 3.	Gestrichen.
50.	43 Abs. 1.
51.	Gestrichen.
52. Abs. 1.	41 Abs. 1, 3.
Abs. 2, 3.	43 Abs. 2.
53.	Gestrichen.
54 Satz 1.	41 Abs. 2.
Satz 2.	Gestrichen.
55.	42.
56.	62.
57.	33.
58.	43 Abs. 2.
59 Abs. 1.	44 Abs. 1.
Abs. 2.	Gestrichen.
60.	45 Abs. 1.
61 Abs. 1.	45.
Abs. 2, 3.	Gestrichen.
Abs. 4.	45 Abs. 2.
62 Abs. 1.	47.
Abs. 2.	46.
63.	48.
64 Satz 1.	Gestrichen.
Satz 2.	44 Abs. 2.
65.	49.

66.	52 Abs. 1 Satz 1.
67 Abs. 1.	53.
Abs. 2.	Gestrichen.
Abs. 3.	53.
68 Abs. 1, 2.	54.
Abs. 3.	Gestrichen.
69 Abs. 1.	50 Abs. 1 Satz 1.
Abs. 2.	Gestrichen.
69 Abs. 3.	50 Abs. 1 Satz 2.
70.	51.
71 Abs. 1 Satz 1.	50 Abs. 2 Nr. 1.
Abs. 1 Satz 2.	14.
Abs. 1 Satz 3.	50 Abs. 2 Nr. 1; 51.
71 Abs. 2.	50 Abs. 2 Nr. 2, Abs. 3.
72.	52.
73.	55.
74.	56.
75.	58.
76.	59 Abs. 1.
77.	59 Abs. 2.
78.	61.
79.	Gestrichen.
80.	63 Abs. 1, Abs. 2 Satz 1, Abs. 3.
81.	63 Abs. 2 Satz 2.
82 Abs. 1.	63 Abs. 1 Satz 3.
Abs. 2.	Gestrichen.
83.	Gestrichen.
84.	65.
85.	66.
86.	66 Abs. 1.
87.	Gestrichen.
88.	66 Abs. 2.
89.	71.
90 Abs. 1 Satz 1.	67 Abs. 1 Satz 1, 70 Abs. 2.
Abs. 1 Satz 2, Abs. 2 Satz 1.	Gestrichen.
Abs. 2 Satz 2.	67 Abs. 3.
Abs. 2 Satz 3.	E. G. 10 Nr. 1.
91 Abs. 1.	67 Abs. 1.
Abs. 2.	Gestrichen.
92.	68.
93.	67 Abs. 2.
94 Abs. 1 Satz 1, 2.	69.
Abs. 1 Satz 3.	Gestrichen.

Abs. 2 Satz 1.	E. G. 10 Nr. 2.
Abs. 2 Satz 2.	Gestrichen.
95.	70 Abs. 1, 3.
96.	Gestrichen.
97.	Gestrichen.
98.	72.
99.	Gestrichen.
100.	73.
101.	Gestrichen.
102 Abs. 1.	74.
Abs. 2.	Gestrichen.
103.	75.
104.	76.
105.	77.
106 Abs. 1.	78.
Abs. 2.	80.
107.	29.
108.	30.
109 Abs. 1.	Gestrichen.
Abs. 2.	28.
Abs. 3.	33.
110.	31.
111.	31.
112.	Gestrichen.
113 Abs. 1.	81 Abs. 1.
Abs. 2, 3.	Gestrichen.
114.	83.
115.	84.
116 Abs. 1.	84 Abs. 1.
Abs. 2.	Gestrichen.
117.	Gestrichen.
118.	83.
119.	85.
120 Abs. 1.	79.
Abs. 2.	95.
121.	87.
122.	33.
123 Abs. 1, 2.	81 Abs. 2 bis 4.
Abs. 3.	Gestrichen.
124.	82.
125 Abs. 1.	88.
Abs. 2.	Gestrichen.
126.	Gestrichen.
127.	96.
128 Abs. 1, 2.	97.
Abs. 3 Satz 1.	Gestrichen.
Abs. 3 Satz 2.	97 Abs. 1.

129.	99.
130 Abs. 1.	Gestrichen.
Abs. 2.	100.
131.	Gestrichen.
132.	101.
133.	Gestrichen.
134.	102.
135 Abs. 1.	103.
Abs. 2, 3.	Gestrichen.
136 Abs. 1.	98.
Abs. 2.	Gestrichen.
137.	Gestrichen.
138 Abs. 1.	90 Satz 1.
Abs. 2.	91 Abs. 1.
Abs. 3 Satz 1.	90 Abs. 2, 91 Abs. 1.
Abs. 3 Satz 1. Abs. 4.	Gestrichen.
139.	91 Abs. 2, 3.
140 Abs. 1.	Gestrichen.
Abs. 2 bis 4.	92.
141.	57.
142 Abs. 1.	89, 104.
Abs. 2.	Gestrichen.
143.	93.
144 Abs. 1.	94.
Abs. 2.	Gestrichen.
145.	86.
146.	32.
147 Abs. 1 bis 4.	105.
Abs. 5.	116.
148.	107 Abs. 1 Satz 1, Abs. 2, 3.
149.	108.
150 Abs. 1, Abs. 2 Nr. 1, Nr. 2 erster Halbsatz.	112.
150 Abs. 2 Nr. 2. zweiter Halbsatz.	E. G. 11.
151.	109.
152.	110.
153.	10 Abs. 1.
154.	111.
155.	113.
156 Abs. 1, 2.	114.
Abs. 3.	Gestrichen.
Abs. 4.	114. Abs. 1.

157 Abs. 1 bis 4.	115.
Abs. 5.	Gestrichen.
158.	117.
159.	118.
160 Abs. 1.	119.
Abs. 2.	14.
161 Abs. 1, 2.	120.
Abs. 3.	14.
162.	Gestrichen.
163.	121.
164.	122.
165.	123.
166.	Gestrichen.
167.	124.
168.	125.
169.	127.
170.	128.
171.	Gestrichen.
172.	130.
173.	Gestrichen.
174.	131.
175.	Gestrichen.
176.	Gestrichen.
177.	Gestrichen.
178.	132.
179.	133.
180.	134.
181.	126.
182.	135.
183 Abs. 1 Satz 1.	137 Abs. 1.
Abs. 1 Satz 2.	136.
183 Abs. 2.	137 Abs. 2.
184.	138 Abs. 1.
185 Abs. 1.	139 Abs. 1.
Abs. 2.	138 Abs. 2.
Abs. 3.	139. Abs. 2 Satz 2.
186 Abs. 1 bis 5.	140.
Abs. 6.	E. G. 12.
187.	141.
188.	107 Abs. 1 Satz 2.
189.	146 Abs. 1.
190 Abs. 1. Satz 1, 2.	147.
Abs. 1 Satz 3, Abs. 2.	Gestrichen.
191.	Gestrichen.
192 Abs. 1 bis 3.	148.

Abs. 4.	151 Abs. 2.
193 Abs. 1.	150 Abs. 2.
Abs. 2 Satz 1.	Gestrichen.
Abs. 2 Satz 2.	152 Abs. 2.
194.	149.
195.	151.
196 Abs. 1.	150 Abs. 1.
Abs. 2.	153 Abs. 2.
197.	152 Abs. 1.
198 Abs. 1.	153 Abs. 1.
Abs. 2.	E. G. 14.
199.	154.
200 Abs. 1, 2.	155.
Abs. 3.	Gestrichen.
201.	156.
202 Abs. 1.	157 Abs. 1.
Abs. 2 Satz 1.	156 Abs. 2 Satz 4.
Abs. 2 Satz 2.	157 Abs. 1 zweiter Halbsatz.
Abs. 3.	159.
Abs. 4.	156 Abs. 2 Satz 4, 157 Abs. 2, E. G. 12.
203.	158.
204.	Gestrichen.
205.	161.
206.	162.
207.	Gestrichen.
208.	163 Abs. 1.
209.	163 Abs. 2, 3.
210.	Gestrichen.
211.	164 Satz 1, 2.
212.	164 Satz 3.
213 Abs. 1.	163 Abs. 2.
Abs. 2.	Gestrichen.
Abs. 3.	163 Abs. 2.
214.	Gestrichen.
215 Abs. 1.	165 Satz 1.
Abs. 2.	Gestrichen.
216.	165 Satz 2.
217 Abs. 1, Abs. 2 Satz 1, Satz 2 erster Halbsatz.	166.
Abs. 2 Satz 2 zweiter Halbsatz.	Gestrichen.
218.	Gestrichen.
219.	167.

220.	168.	233.	Gestrichen.
221.	169 Abs. 1.	234.	E. G. 1.
222.	170.	235 Abs. 1.	Gestrichen.
223 Abs. 1.	169 Abs. 2.	Abs. 2.	E. G. 2 Abs. 1.
Abs. 2.	163 Abs. 2.	236.	10 Abs. 1 Nr. 2.
Abs. 3.	169 Abs. 2.	237.	E. G. 3.
224.	Gestrichen.	238.	E. G. 4 Abs. 2.
225.	Gestrichen.	239.	E. G. 8.
226.	172.	240.	E. G. 9.
227.	173.	241. Satz 1.	E. G. 11.
228.	174.	Satz 2.	Gestrichen.
229.	180.	242.	E. G. 13.
230.	181.	243.	E. G. 2.
231.	182.	244.	E. G. 15.
232.	Gestrichen.	245.	Gestrichen.

Lippert & Co. (G. Pätz'sche Buchdr.), Naumburg a. S.

FSC
www.fsc.org
MIX
Papier | Fördert
gute Waldnutzung
FSC® C083411

Kolibri 360 GmbH
Ferdinand-Jühlke-Straße 7
99095 Erfurt, Deutschland
produktsicherheit@kolibri360.de